Elfride Felber

zugeeignet

Vorbemerkung.

Der Zweck der Altdeutschen Textbibliothek bedingte
es, Einzelnes aus den Erläuterungen zu dem vor langer
Zeit in der Zeitschrift für deutsches Altertum 29,373 und
36,241 zuerst veröffentlichten und deshalb nicht jedem
leicht zugänglichen Text in die Ausgabe des ersten
Entwurfes, wie er in der Breslauer Handschrift vorliegt,
herüberzunehmen. Was weitere Forschung inzwischen
ergeben hat, war nachzutragen und zu verwerten. Für
die Bearbeitung X stand gegenüber früher ein reicheres
handschriftliches Material zur Verfügung, in das ich wie
auch in die Breslauer Handschrift dank dem früheren und
jetzigen Entgegenkommen der Bibliotheksverwaltungen zu
Berlin, Breslau, Erlangen, München und Wolfenbüttel
Einsicht nehmen durfte.

Inhalt.

1. Erhart Groß.

Unter den von der italienischen Renaissanceliteratur behandelten Novellenstoffen, welche seit dem zweiten Drittel, nachhaltiger dann seit der zweiten Hälfte des 15. Jahrhunderts auch in Deutschland ihren Einzug hielten und die Geschichte des deutschen Prosaromanes einleiten, hat sich die Erzählung von der Griseldis von Anfang an einer ganz besonderen Beliebtheit zu erfreuen gehabt. Ja in Italien selbst ist durch Petrarcas lateinische Nacherzählung der Griseldis des Boccaccio (Decam. X, 10) die Novelle überhaupt erst in der humanistisch-lateinischen Literatur hoffähig geworden. Durch Petrarcas Beispiel angeregt folgte dann Lionardo Bruni von Arezzo mit seiner Übertragung der Liebesgeschichte von Guiscard und Sigismonda (Decam. IV, 1), ihm wieder Enea Silvio Piccolomini mit Eurialus und Lucretia. Während die letztgenannte Novelle meines Wissens in Deutschland einzig von Niclas von Wyle übersetzt wurde, haben sich an Guiscard und Sigismonda verschiedene versucht: außer Niclas von Wyle der deutsche Übersetzer (Arigo) des Decamerone, Albrecht von Eyb in seinem Ehebüchlein, M. Montanus. Die häufigste Übertragung ist aber der Griseldis zuteil geworden. Bekannt sind die Übersetzungen Heinrich Steinhöwels, Arigos und eines ungenannten Mitteldeutschen.[1]) Niclas von Wyles Behandlung ist bisher nicht wieder aufgefunden. Erhart Groß' Grisardis aber steht zeitlich an erster Stelle (1436) und darf schon deshalb unser besonderes Interesse in Anspruch nehmen.

---

[1]) Schröder, Griseldis und Apollonius S. 3 ff.

Bereits Hoffmann von Fallersleben hat s. Z. auf Grund einer Breslauer Handschrift in v. Aufseß' Anzeiger 2, 125 für den Nürnberger Kartäuser Erhart Groß auf Wills Nürnberger Gelehrtenlexikon IV, 415. V, 424 und auf J. F. Roth, Geschichte und Beschreibung der Nürnbergischen Karthause, Nürnberg 1790, verwiesen, wo S.114 Erhart Groß mit der Jahreszahl 1449 erwähnt ist; die gleiche Angabe bei Waldau, Neue Beiträge zur Gesch. der Stadt Nürnberg I (1790), S. 172. Vgl. H. Heerwagen, Die Kartause in Nürnberg 1380—1525, in der Festgabe des Vereins für Gesch. d. Stadt Nürnberg zur 50. Jubelfeier des Gewerbe-Museums in Nürnberg; s. auch J. Baier, Das ehemalige Karthäuserkloster in Nürnberg im Kalender für katholische Christen auf das Jahr 1909. Sulzbach 1909, Jg. 69, S. 102—105; E. Schulte-Strathaus, Ein mittelalterlicher Schreiber in der Bücherstube, Blätter für Freunde des Buchs, Jg. 5, S. 44 f. Erhart Groß gehörte der bekannten, in den Nürnberger Chroniken so oft begegnenden Patrizierfamilie an, deren bedeutendster Vertreter Konrad Groß war, der Nürnberger Schultheiß und Stifter des Spitals († 1356). Vgl. A. Würfel, Hist. genealog. und diplomat. Nachrichten I (Nürnb. 1766), S. 294. 308 ff.; Allg. deutsche Biographie 9, 744. Die Annales ordinis Cartusiensis ed. Le Couteulx 6, 265 verzeichnen Erhart Groß z. J. 1450 mit dem Vermerk *ex familia matris fundatoris*. Mit letzterem ist Marquard Mendel († 1385) gemeint, der Gründer der Nürnberger Kartause (da wo jetzt das Nationalmuseum steht); er war mit einer Tochter des Konrad Groß verheiratet. S. Annales 6, 260 ff. — In einem Verzeichnis nürnbergischer Geistlicher aus dem 18. Jahrh. (Cgm. 5341) heißt es: *E. Gr. auch ein Münch.*

Von den vier Werken des Erhart Groß, die die Breslauer Hs. bietet, wurde gedruckt nur das Cordial oder ein Buch von den vier letzten Dingen. Aus dem Lateinischen' o. O. u. J., vgl. Sinceri Neue Samml. von lauter alten und raren Büchern, 5. Stück, S. 376; dagegen liegt ein anderes Werk aus Groß' Feder, das Laiendoctrinal, in mehreren Drucken vor, die Panzer,

Ann. I, 28. 157. 203, Zusätze S. 10. 75 und Hain unter
Nr. 8083—6 verzeichnen; die datierten Drucke stammen
aus den Jahren 1485 und 1493. S. auch C. Th. Gemeiner,
Nachrichten von den in der Regensburger Stadtbibliothek
befindlichen Büchern aus dem 15. Jh., S. 83, Nr. 55.
Das Werk selbst verfaßte Groß im Jahre 1443. Es ist
eine Prosabearbeitung des im Jahre 1345 aus lateinischen
Quellen kompilierten ndl. Gedichtes Die dietsche doc-
trinael (hg. von Jonckbloet 1842), das im Leyen doctrinal
(hg. von Scheller 1825) auch in nd. Behandlung vorliegt.
Die Sächsische Landesbibliothek zu Dresden besitzt die
Groß'sche Prosa handschriftlich aus dem 15. Jh. (M 182,
vgl. den Dresdner Hsskatolog II, 485). Die Vorrede
beginnt (Bl. 1): *An Paulum Förchtel purger zu nüren-
berg — von erhart grofsen prister do selb. Als du mir,
paule, pey ortolf stromer in der zal der iar ihesu christi
virzenhundert vnd dren mit virtzig iaren, deym swoger,
schigkest eyn puch verschriben zu deutsch in brabantzer
zunge* usw. Bl. 69: *Hie endet sich das drit puch des
doctrinalfs der layen. vnd es ist volbracht noch christi
gepurt virzehen hundert vnd xliij ior. in dem zwelften
ior des concilig zu basel. in dem dritten ior des römischen
künges er frydreichfs. ein geporner hertzog von öster-
reich.* Auch in Nürnberg findet sich eine Hs. des
Werkes (Nr. 55 4°, s. Kat. der Stadtbibliothek zu Nürn-
berg, 1. Abt. S. 16), desgleichen in Karlsruhe, Längin
S. 108, Nr. 255 *Der layen doctrynale uff ein nuwes* be-
arbeitet von E. Grosse. Vgl. Zentralbl. für Bibliotheks-
wesen 16, 449. Ich benutzte vor Jahren das Stuttgarter
Exemplar eines undatierten Druckes: 'Hye heben sich
an dry bücher des doctrinals fur die leyen gemacht zů
tütsch So das die cappittel hye nôch wisen Als man
in diesem bůch über yetlichem cappittel wie hie nôch
gemeldet stat geschriben findet.' Eine andere undatierte
Ausgabe gibt auf S. 4 einen Holzschnitt, der den Ver-
fasser auf dem Lehrstuhl und einige Zuhörer um ihn
herumsitzend vorstellt. Außerdem sind mir noch folgende
Werke von Erhart Groß handschriftlich begegnet: der
Cgm. 623 vom Jahre 1440 enthält 43 Gespräche der

Kartäuser zu Nürnberg von den zwei Geburten Jesu
Christi, aufgeschrieben durch Bruder E. G., der Clm.
14952 vom Jahre 1452 *De sacramento eucharistiae.*
Reden *super oracione dominica,* von E. G. *vormals
verschriben* für die Dominikanerinnen zu S. Katharina
in Nürnberg, bewahrt eine Handschrift der bischöf-
lichen Seminarbibliothek zu Mainz, s. F. W. E. Roth,
Germ. 37, 193.

Dem Nürnberger S. Katharinenkloster entstammt auch
jene Handschrift, auf die vor kurzem Professor Richard
Huss in Debreczén aufmerksam gemacht hat, s. Berliner
Sitzungsberichte von 1922 (öffentl. Sitzung vom 26. Januar
S. LV) und 1926 (Sitzung vom 28. Januar S. LXVII). Sie
befindet sich in der Universitätsbibliothek zu Debreczén
(früher Bibliothek des reformierten Collegiums), wohin
sie wohl in den Napoleonischen Kriegen 1813 mit
andern deutschen Handschriften gelangt ist. Sie trägt
die Signatur Cod. R 521 8⁰ und enthält das Witwen-
buch, ein Werk, das Erhart Groß der Witwe Marquart
Mendels[1]), Frau Margarete, 1446 gewidmet hat. Es
handelt sich um 77 Gespräche, eine Vorrede und ein
Schlußgespräch, in dem sich aber Erhart Groß allein
äußert. Dabei drängt sich die Frage auf, ob Margarete
Mendlen mit der 1422 in das Dominikanerinnenkloster
S. Cathrein in Nürnberg eingetretenen und 1472 als
Priorin in Freiburg in der Schweiz gestorbenen Gretha
Karthuserin eine Person ist. — Eine Ausgabe des
Witwenbuches plant der Auffinder der Handschrift in
den Deutschen Texten des Mittelalters.

Käte Laserstein hat in ihrer Schrift Der Griseldis-
stoff in der Weltliteratur. Eine Untersuchung zur Stoff-
und Stilgeschichte (Weimar 1926) S. 47 ff. der Grisardis
des Erhart Groß die erste eingehende Würdigung zuteil
werden lassen und erwiesen, daß innerhalb der heimischen
älteren Behandlungen des Stoffes die Grisardis wohl an

---

[1]) Ein jüngeres Familienmitglied, gleichen Vornamens wie
der Stifter des Kartäuserklosters. S. Deutsche Städtechroniken.
Nürnberg 5, 869ᵇ. — Ganz unvermittelt wird B 397, 31 der
Meister Marcus plötzlich *marckart* genannt!

erster Stelle zu nennen ist. Wenn wir davon absehen, daß es unkünstlerisch wirken muß, wenn der eigentlichen Novelle eine Einleitung vorausgeht, in der die Ehefrage, in Dialogform gekleidet, theoretisch so eingehend behandelt ist, daß sie die Hälfte des ganzen Textes ausmacht, so scheint mir die hohe Einschätzung der Groß'schen Darstellung durchaus berechtigt. Nur muß man zunächst Schlagworte wie Humanismus und Renaissance völlig beiseite lassen,[1]) will man den richtigen Standpunkt gewinnen, von dem aus Erhart Groß zu beurteilen ist. Wir haben es mit einem Kartäusermönch zu tun, dem geistliche, religiös-seelsorgerische Aufgaben obliegen, die ihn dann zu schriftstellerischer Tätigkeit angeregt haben. So mag sein Interesse zunächst der Ehefrage als solcher gegolten haben. Die sittlichen Zustände im Nürnberg seiner Zeit konnten ihm dafür Anhaltspunkte bieten (Germania 35, 45). Er beklagt, daß nicht nur Jünglinge, sondern auch kaum zehn- oder zwölfjährige Kinder bereits der Keuschheit Urlaub gäben. Den Eheleuten soll seine Geschichte, die von männlicher *vürsihtikeit*, von weiblicher Treue, Demut, Gehorsam und Charakterstärke berichtet, zum Vorbild dienen. Mit Bezug auf das innige Verhältnis zwischen Grisardis und ihrem alten Vater schärft er der Jugend Gehorsam gegen die Eltern ein und hält ihr als abschreckendes Beispiel Cham vor, der seinen Vater Noe verspottete. Die Kinder hätten die Pflicht, für die Eltern auch im Alter zu sorgen. Aber freilich! wie sollten die Kinder — *aller menschen irdische kinder* — zur Gottesfurcht angehalten werden, wo die Väter selbst nichts von Gott zu sagen wüßten. Auch die Prälaten, die zu Pilaten geworden wären, macht der Mönch verantwortlich für den Sittenniedergang und wendet sich direkt an Gott: ‚Herr behüte deine Herde, denn die Hirten sind Wölfe'. Nicht minder hat Erhart Groß die Klosterinsassen, die unter Gehorsam stehen, im Auge, auch wenn seine Er-

---

[1]) S. auch M. Herrmann, Die Reception des Humanismus in Nürnberg S. 7.

mahnungen zunächst den Eheleuten gelten. Wie sehr
er in klösterlichem Sinne denkt, zeigt des Markgrafen
Anrede an sein Volk als 'liebe Brüder', wie er sich
auch selber als Bruder seinen Untertanen gegenüber
bezeichnet. Dem Geistlichen liegen auch Betrachtungen
allgemeiner Art nahe, wie sie der Predigerberuf mit
sich bringt. So, wenn er sagt, daß wir oft über zwei
an sich gute Möglichkeiten Erwägungen anstellen und
Wege einschlagen, die uns gut dünken, dann aber er-
kennen lassen, daß der Ausgang in den Tod führt,
daß alle Folgerungen über die Zukunft unsicher bleiben.
Auch der Ursprung des Bösen beschäftigt ihn. Das
Gute kann nicht aus dem Bösen hervorgehen, das Böse
aber sei nur ein Abgleiten vom Guten, dem immer der
Sieg zufiele. Biblische Anspielungen und Vergleiche,
die zahlreich zu Gebote stehn, sollen die Wirkung des
Erzählten erhöhen. Um des Markgrafen auf Täuschung
und Unwahrheit beruhendes Vorgehen Grisardis gegen-
über zu begründen, wird an Christus erinnert, der auch
an lugen der Maria Magdalena in Gärtners Gestalt,
zweien seiner Jünger in anderer Gestalt erschienen wäre,
um seine Auferstehung zu erweisen. Man fühlt, daß
der Erzähler des Markgrafen Vorgehen selbst als an-
stößig empfand, denn als Grisardis sich der zweiten
Prüfung unterziehen muß, hält er es für angezeigt,
abermals eine freilich recht gewundene Erklärung zu
geben unter Berufung auf Jes. 10, 5 und Prov. 14, 13
und fügt dann noch hinzu: Christus, der doch noch
schuldloser gewesen sei als seine 'aller unschuldigste
Mutter und Meid', habe diese auch nicht am Tage
seines heiligen Leidens geschont: mithin war auch
Grisardis nicht zu schonen. Bei der Hochzeitsfeier
fehlen nicht, von Braut und Bräutigam — den beiden
Jungfrauen! — geladen, Maria und Jesus, unter deren
Schutz die Vermählung sich vollzieht. An anderer Stelle
wird Grisardis eine zweite Susanna, eine zweite Hester
genannt. Echt klösterlich mutet die Motivierung 39, 14 ff.
an: falls Grisardis mehr als drei Kinder gehabt haben
sollte, so habe er dies nicht erfahren, oder sie seien

jung gestorben, damit sie um der Eltern willen (?) den Übeln dieser Welt beizeiten entrückt würden; sie seien ins Paradies durch die Kraft des Sakraments aufgenommen worden.

Das alles sind Züge, die eher an die niederländische Griseldis *mit eynre geestelike Bedudenisse* (Laserstein S. 38 f.) erinnern lassen als an Humanismus und Renaissance, und auch die sonstige schriftstellerische Tätigkeit des Erhart Groß tritt, soweit wir sehen, nicht aus dem Rahmen klösterlichen Geisteslebens heraus. Es ist wohl nur Zufall gewesen, der dem Erhart Groß den Griseldisstoff nahe brachte, 'den Grysard', wie es sonderbarerweise in der Überschrift in Br (auch 52, 37 *C*) heißt. Ich glaube nicht, daß man mit Käte Laserstein für Groß Bekanntschaft mit Petrarca voraussetzen muß, vielmehr dürfte es sich um eine mündlich verbreitete Variante von Petrarcas Novelle handeln, die Groß, wer weiß auf welchem Wege, zu Ohren gekommen war. Die abweichende Namensform Grisardis sieht aus wie eine Latinisierung einer italienischen Variante des Namens. Gerade dieser Umstand macht die Benutzung des Petrarca unwahrscheinlich. Aus welchem Grunde sollte Groß eine Namensänderung sonst vorgenommen haben? Und um auch dies noch anzuführen: der Grisardis werden eine Tochter und zwei Söhne zu Kindern gegeben (die Überlieferung kennt meist nur zwei: Tochter und Sohn), alles übrige bleibt unbestimmt. Wozu auch diese Abweichung, wenn sie Groß nicht überkommen wäre? Auch die beiden dem Markgrafen beigegebenen Schwestern hat Groß sicher nicht aus eigenem Ermessen hinzugefügt.

Es war das Eheproblem, dem der Mönch Interesse entgegenbrachte. Er mag die Geschichte, die er gehört hatte (1, 11. 38, 30 f.), zunächst lateinisch entworfen und dann in heimischer Sprache behandelt haben. Anlaß zu ausführlicherer Erörterung des Problems bot gleich der Eingang der Erzählung, wo das Volk an seinen Landesherren herantritt und ihn, den bisher Unvermählten, eine Ehe einzugehen zu veranlassen sucht.

Der Sprecher des Volks ist des Markgrafen Rat Marcus,[1]) und in langausgesponnenem, mit sichtlichem Behagen geführten Dialog wird das Für und Wider des Eheproblems durchgesprochen; die ganze erste Hälfte des 'Buches' wird damit ausgefüllt. Die zahlreichen Beispiele unglücklich und glücklich vermählter Frauen sind dem Hieronymus und Theophrast entnommen. An späterer Stelle wird einmal kurz auch Ambrosius genannt, der gleichfalls im Buch der Ämter den Frauen Lob gespendet hatte.

Boccaccios Behandlung des Griseldisthemas will reine Erzählung sein, nur das Tatsächliche interessiert; es herrscht kalte Sachlichkeit: der Herrenmensch Walther will ein Exempel statuieren zur Erziehung weiblichen Gehorsams. Dagegen steht Petrarca in seellscher Beziehung uns näher; er bietet oft direkte Rede: Rede und Gegenrede wechseln und wirken auf das Gemüt. Stärker noch betont Chaucer das Menschliche. Aber Erhart Groß ist doch der erste, der dem Stoff die warme Färbung gegeben, der das heikle Thema von der Seite erfaßt hat, die unserer Gefühlsanlage am ehesten entspricht: es ist die volkstümliche. Der Mönch tritt aus sich heraus und findet für das rein Menschliche den rechten Ton. Jeder kann ihn mitempfinden, weil er selbst von seinem Thema ergriffen ist. Es ist ihm gelungen, die seelischen Vorgänge in den handelnden Personen glaubhaft darzustellen. Die Erzählung trägt ganz den Stempel deutscher Art. Das Intime liegt ihm. Käte Laserstein hat manche Einzelheiten feinfühlig aufgedeckt und zergliedert. Wie zartes Empfinden bekundet z. B. die Schilderung echten Familienlebens im Verhältnis zwischen Vater und Tochter, die in dem Alten ihren Mann, Vater und Versorger sieht, und wie rührend klingen die Ermahnungen, die der Vater der Tochter als letztes mit auf den Lebensweg gibt. Inniger

---

[1]) Nur dieser und Grisardis tragen Namen, während der Markgraf und der Vater sowie der Ort der Handlung unbestimmt bleiben. Die Personen vertreten einen Typus. Und doch wie plastisch treten uns die Gestalten entgegen!

hat auch nicht der alte Tobias seinen Sohn segnend entlassen. Wie schonend und keusch sind die sinnlichen Motive berührt, mit denen sich andere Fassungen viel freier und ungenierter abgefunden haben. Die Darstellung ist durchaus selbständig, die Sprache natürlich, öfter durch volksmäßige, sprichwörtliche Wendungen belebt (*waz mer? ich mein, waz meinstu?*). Selbst ein liebenswürdiger Humor kommt zu Worte, wenn Grisardis, im Begriff bei Nacht vom Markgrafen zu scheiden, von dem hänfenen Hemde, das sie aus ihrer armseligen Hütte mitgebracht hatte, unter Lächeln sagt, es sei ihr zu eng[1]) und zu kurz geworden, wie dies meist bei Frauen, die geboren und dadurch an Länge und Dicke zugenommen hätten, der Fall wäre; er könne das freilich nicht sehen, da es Nacht sei, sie bäte aber ein neues Stück *tuch* mitnehmen zu dürfen. Dem gesunden Menschenverstande ebnet Erhart Groß die Wege: dem allzu frommen, schon mehr asketisch-keuschen Markgrafen dienen seine Räte mit der Bemerkung: im Himmel gebe es nicht nur Jungfrauen (Nonnen) und Mönche, sondern auch Eheleute und Witwen hoffe man dort zu finden, jungfräuliche Reinheit sei nicht die größte unter den Tugenden und manche Jungfrau sterbe, die im Himmel weniger Lohn erhalte als Abraham der Ehemann. Jeder Beruf habe seine bestimmte Aufgabe, vorausgesetzt, daß der richtige gewählt werde, der Fischer nicht ein Fürst, der König nicht ein Müller sei. Aber weil es böse Frauen gibt, wollen wir deshalb alle Pfaffen und Mönche werden?

Man darf es bedauern, daß der Grisardis des Erhart Groß kein größerer Erfolg[2]) beschieden gewesen ist,

---

[1]) *et Grisélidis prit la vielle robe, qui lui était si étroite qu'à peine y pouvait entrer* heißt es ähnlich später in einer französischen Übersetzung des Petrarca-Textes (Laserstein S. 36).

[2]) Käte Laserstein möchte (S. 58 f.) für die im wesentlichen Petrarca folgende Fassung, die sich in der bekannten Sammlung Schertz mit der Wahrheyt (Frankfurt 1550) findet, Bekanntschaft mit der Grisardis des Erhart Groß annehmen. Dies scheint mir durchaus nicht sicher. Abgesehen von mehreren stofflichen Varianten können einzelne Parallelen

sie hätte es mehr verdient als Heinrich Steinhöwels
Boccaccio-Petrarcaverdeutschung, die große Verbreitung
fand, immer und immer wieder gedruckt wurde und in
mannigfachen Erneuerungen noch heute als Volksbuch
fortlebt. Es ist gesagt worden, der Griseldisstoff wolle
bei Erhart Groß nichts sein als ein hohes Lied auf die
Liebe: die Heldin leide wortlos und darin liege ihre
Größe, das Ganze biete bei aller Seelenbewegung ein
Bild äußerster Ruhe. Es ist jedenfalls zuzugeben, daß
keine der zahlreichen Behandlungen des Themas dem,
was man das 'Adagio der Seele' nennt, so nahe ge-
kommen ist wie Erhart Groß. Mit Recht erinnert Käte
Laserstein beim Vergleichen der vielen Griselden auf
epischem, lyrischem und dramatischem Gebiete immer
wieder[1]) an Erhart Groß und dessen künstlerisch ge-
schlossene Auffassung und Darstellung und meint, 'der
Griseldisstoff habe nicht zufällig die höchste Ausbildung
seiner Stimmung nach Erhart Groß bei dem deutschen
Impressionisten Gerhart Hauptmann gefunden, der sowohl

kaum diese Vermutung stützen. Wenn auch die anderen Be-
arbeiter der toten Mutter der Grisardis nicht gedenken, Groß
aber den alten Vater einen Witwer nennt (vgl. auch 30, 28 f.,
wo von der 'seligen Mutter' der Grisardis die Rede ist) und
es in der Sammlung heißt 'die Mutter war gestorben', so ist
das ganze Verhältnis zwischen Vater und Tochter von Anfang
an so geschildert, daß man die Witwerschaft des Alten als selbst-
verständlich voraussetzen muß, und so haben wohl auch die
meisten anderen Bearbeiter stillschweigend angenommen.
Ebensowenig kann ich im folgenden Falle Käte Laserstein
zustimmen: nach der Werbung vor der offiziellen Vorstellung
heißt es in der Sammlung: es 'bot ihr der herr die Handt'
und Groß läßt den Grafen zu seiner *allerliebsten praut* 34, 24
sprechen: *kum nu her zu mir und gib mir deyne hand*, dann
aber heißt es in unmittelbarem Anschluß daran: *alzo stund
der alte auff und nam die hand seiner tochter und gab sie
dem hern.* Mit diesem Sich-die-Hände-geben hat der Anonymus
schwerlich den Übergang von der Leibeignen zur Verlobten
andeuten wollen. — Dem Sammler von Schertz mit der
Wahrheyt ist wohl kaum eine Handschrift der Grisardis zu-
gänglich gewesen.

[1]) S. Laserstein S. 75. 76. 90. 92. 100. 102. 108. 108. 110.
123. 124. 126. 130. 132. 133. 153. 168. 184. 191.

als Deutscher wie als Vertreter eines Stils der Gelöstheit und Bewegung wie kein anderer zum Erfassen der zartesten Atmosphäre berufen war.' Dann wäre der schlichte Nürnberger Mönch des fünfzehnten Jahrhunderts doch noch zu einer späten, aber berechtigten Anerkennung gekommen.

2. Die Handschriften.

Br Breslau, Universitätsbibliothek I Q. 77. Auf der Innenseite des oberen lederüberzogenen Holzdeckels steht von einer Hand des 15. Jahrhunderts in kräftigen Schriftzügen: *Wer diße půchlein list ader abschreibt der mache niht Kreucze ader hende ze v'mackeln das exemplar wañ es ist gestroft vnd es darff niht das er das bescheisse noch seim willñ.* Diese Mahnung ist aber nicht immer befolgt worden (s. Bl. 45ᵃ. 55ᵃ. 93ᵇ. 123ᵇ). Darunter eingeklebt ein Zettel mit dem Aufdruck: 'Aus der Bibliothek der Augustiner Chorherrn zu Breslau'. Die Handschrift — 128 Bll. — stammt aus dem Jahre 1436, ist von einer Hand geschrieben, die auf dem untern Rande von Bl. 1ᵃ den Inhalt der Handschrift folgendermaßen angibt: *Das puch ist der* (hierauf Rasur) *und hat in ym das cordial von dem sterbñ. von dem iügsten urttail. von der hell. vnd von dem hymelreich. von dem gelobtñ land. von geistlichkeit. vnd von eelichen leben in tugenden.* Es sind damit vier Schriften gemeint, und zwar: 1. Bl. 1—63 das Cordial, ein asketischer Traktat, der in vier Abschnitten vom Tode, vom Jüngsten Gericht, von der Hölle und vom ewigen Leben handelt. Es ist eine Zitatensammlung aus der Bibel, aus Kirchenvätern und Profanschriftstellern, nach bestimmten Gesichtspunkten geordnet, im Jahre 1420 [1])

---

[1]) Wenn Groß von seiner lat. Vorlage sagt, sie sei 1420 von einem *lerer* zusammengestellt, so kann es sich nur um die Quattuor novissima, um das Cordiale des Gerhard von Vliederhoven (s. Allg. deutsche Biographie 40, 89) handeln; Dionysius de Leuwis der Kartäuser (s. ebenda 5, 246) wäre wohl schon durch das Geburtsjahr 1402/3 ausgeschlossen, wenn das von

von einem *lerer* zusammengestellt und 1436 von Erhart
Groß, Karthäuserpriester in Nürnberg, aus dem Lateinischen
'in deutsche zungen gewandelt.' *doch hab ich außen ge-
laßen eygenschaft der capitel der pücher die do werden
gemelt, dar vmbe das es den layen nicht nütz ist und
wirt auch gemainlich gefelscht von übirsehen der schreiber.
Aber die lerr ist volkumenlich beschriben.* Am Schluß
(Bl. 63ᵇ) findet sich der Vermerk in rubro: *volpracht
ist dieß werg in nürnperg ze den cartheusern noch
christi gepurt CCCC vnd XXXVI iarr am pfinstag in
der pfingßt wochen von dem do selbens geschriben mit
aygner hand dir herr got.* Hierauf folgt 2. ebenfalls
in rubro: *An dem tag hub er an, der selb, zu schreiben
vnd zusammen settzen das püchlein das er noch volget
von etlichen sachen des hymels, von dem irdischen
paradeiß vnd von dem gelobten lande vnd ierusalem.*
Dieses zweite Werk umfaßt Bl. 63—89 und ist am
Anfang defekt; es scheinen zwei oder drei Blätter aus-
gerissen zu sein. Auch hier handelt es sich um eine
Kompilation, doch ist Kompilator und Übersetzer mög-
licherweise eine und dieselbe Person, d. h. Erhart Groß.
Am Schluß heißt es Bl. 89ᵇ: *Noch christi gepurt CCCC
hundert vnd XXXVI iarr sein an gehaben vnd volendet
die püchlein die hye noch einander stehen. pitt got vor
den der sie hat gemacht vnd selber mit seyner hand
geschriben.* 3. Bl. 90—108ᵇ: *Nunnen werg heist dietz
puch,* dessen Inhalt ich in Kürze nicht besser an-
geben könnte, als es eine schon von alter Hand bei-

Groß angegebene Jahr richtig ist. Die handschriftliche Über-
lieferung des Cordiale nennt verschiedene Verfassernamen.
Es begegnen lat. und deutsche Handschriften z. B. in Basel
(Binz 1, 87. 272), S. Gallen (Scherrer S. 584ᵇ), Wolfenbüttel
82. 10 Aug. fol. (neue Nr. 2833, Augusteische Hss. 4. 47),
Karlsruhe Nr. 70 (Längin S. 21 deutsches Fragment), Nr. 85
(Längin S. 46, doch kann die dort verzeichnete alemannische
Bearbeitung nicht aus dem 14. (!) Jahrh. stammen). Erhart
Groß' Cordiale ist auch in der Bibliothek des Vereins für Ge-
schichte der Stadt Nürnberg unter Nr. 289 vorhanden. Mittel-
niederdeutsches und mittelniederländisches Material ist erwähnt
bei Borchling Mnd. Hss. 4, 218; Zs. f. deutsches Altertum 51, 76.

gefügte Notiz tut: *Concordat ad materiam de imitatione Christi.* Der Traktat hat gleichfalls Groß zum Verfasser, wie die Schlußbemerkung auf Bl. 108ᵇ lehrt: *Wer diß puch auß schreibet, den pit ich daz er diß sehriftlein nicht außen las, daz mein gedechtniß bleib in dem herzen des innigen menschen, der sein leben auß dießen púchlein pessert. Amen.* In rubro: *Hie endet sich Nūnenwerg.* 4. Endlich Bl. 108ᵇ—128ᵇ *Dieß puch heist der Grysard,* d. h. der Grysardtraktat. Leider bricht die Handschrift im zwölften Kapitel (in meinem Text 48, 19) nach *mich* ab; es folgten noch zwei Blätter, die aber ausgeschnitten sind. Gewiß stand auch hier am Schluß eine Notiz über den Verfasser, doch läßt sich auch so der Nachweis führen, daß Groß ebenfalls für die Grisardis als Verfasser anzusehen ist. Nicht nur, daß die Art der Überlieferung dafür spricht, daß im einzelnen sich Berührungspunkte mit den vorhergehnden Schriften finden[1]): in einer andern Schrift desselben Verfassers, in dem öfter gedruckten Laiendoctrinal, bekennt sich Erhart Groß ausdrücklich als Autor: im 18. Kapitel des zweiten Buches, in dem die Frage *Wie der man sol halten sin wipp* behandelt wird, heißt es nämlich: *als ich — do habe vor zyten verschrieben zů latin vnd zů tütsche in einer historien, die*

---

[1]) Das Wortspiel *prelaten-Pilaten* Gris. 33, 10 (vgl. Schade, Satiren und Pasquille 3, 273, 29; Fischart, Bienenkorb [Vilmars 11. Ausg.] B 4ᵃ: *Prelati werden Pilati nach S. Bernhardi meinung)* findet sich auch im Cordial Bl. 23ᵇ: *prelaten. ich sprich nicht pylaten.* Das Verhältnis zwischen weltlicher und geistlicher Obrigkeit und den Untertanen beschäftigt den Verf. auch im Cordial (Bl. 23ᵇ), im Nonnenwerk (Bl. 93ᵇ) sowie im noch zu nennenden Laiendoctrinal. Im Nonnenwerk Bl. 104ᵃ reflektiert Groß über die Schattenseiten der im Leben Hochgestellten in ähnlichem Geiste wie der Markgraf in der Gris. über die Nachteile der Ehe. Wenn die Übereinstimmungen nicht augenfälliger sind, so erklärt sich dies daraus, daß die Gris. vom lehrhaften Eheproblem abgesehen den Erzählungston anschlägt, während Cordial, Nonnenwerk und Laiendoctrinal im wesentlichen Sentenzensammlungen sind, das oben an zweiter Stelle genannte handschriftliche Werk überwiegend physikalisch-geographischen Inhalts ist.

*do heiset Gry(s)aldis. vnd were dye will lesen oder ab-
schriben, der findet sye zů Nürenberg zů den carthüsern
vnder den bůchern, die zů latin vnd zů tütsche hat do
selbest verschrieben selber vnd gedichtet mit der hilffe
christi ein karthüser genant Erhart Groß.*

Die vier Werke sind in Br von einer Hand, doch
wohl der des Erhart Groß, geschrieben. Die Grisardis
läßt öfter Worte aus, die dann von gleicher Hand am
Rande ergänzt sind. Der Ausfall eines Wortes wurde
im Texte durch zwei rote Striche kenntlich gemacht.
Auch in einer und derselben Zeile ist nicht selten ein
beim Schreiben zunächst ausgefallenes Wort sofort im
Texte nachgetragen und die Stelle, an die es gehört,
gekennzeichnet. Im allgemeinen ist der Text, Reinschrift
nach Konzept, gleichmäßig und sorgfältig geschrieben.
Das Konzept selbst aber muß mehrfach durchkorrigiert
gewesen sein, worauf einige unklare Stellen wie 12, 29 f.
26, 28. 28, 19 hindeuten.

Ich habe in der Zeitschrift für deutsches Altertum
29, 428 ff. die Handschrift A in ihren Spracheigentümlich-
keiten eingehend behandelt. Da Br annähernd dem
gleichen Sprachgebiet angehört, dürfte es genügen, das
was für Erhart Groß' Schreibart, im weiteren für das
Nürnberger Schrifttum des 15. Jahrh. charakteristisch
erscheint, hier kurz zusammenzustellen als einen Nach-
trag zu den früheren Ausführungen.

Vokale.

a neben *o*: *nach, ader, ab*; — für *u*: *pasauner* 27, 22;
für *au*: *jungfran* 38, 10.

e bezeichnet den Umlaut des *a*: *beheglich* 4, 8, *er-
kente* 8, 2; *e* für *a*: *dennen* 26, 15; für *i*: *sehest*
26, 2, *seh* 37, 11, *er* (Gen. Pl.) 15, 1; *e* neben *ei*:
hemlich (dreimal), *hemen* 15, 3; in den geschwächten
Formen *enander* 47, 37, *enwenig* 15, 34. 25, 26.
30, 24. 48, 15, *enwynczk* 9, 34. 36, 32; Synkope
und Apokope des *e* verbunden mit Konsonanten-
ausfall: *gehang(en)em* 15, 34, *wein(en)s* 22, 28, *vor-
gangen(en)* 8, 14. 21, 26, *quem(en)* 38, 14, *klein(en)*

31, 21: Anlehnung und Verschmelzung von *ez* und
es, auch von *im, in, ir* mit dem vorhergehenden
Wort: *dieß, getz, hattes, ichz, ladz, legtz, leses,
schetztens, stetz, wer(e)s, wirtz,* — *antwortem* 10, 35;
gevelten 24, 7; *kennstun* 32, 2, *getrauser* 13, 25.
   e neben *o*: *antwert(en)* 4, 6. 24.

i überwiegend für *ie*: *betrigen, gevil, hild, ligen, rit*;
   in der Ableitung und Endung: *adir, ubir, undir,
   unsir, ewir, allis, allir, lobin, scholdin.*

o für und neben *a*: *nomen* 39, 4, *dorumb, worumb,
   noch, prot* (*bráte*) 27, 19, *trogico* 10, 32, *stroft*;
   o für und neben *u*: *from, fromkeit, notdorft,
   forchten* neben *furchtig* 7, 1, *worden* (3. Pl.) 11, 9.
   26, 10, *wonderten* 6, 9; *o* für *ou*: *och* 28, 34,
   schop 19, 6. 20, 34, *flog* 19, 16; Präfix *vor-* für *ver-*.

ô für *û*: *dôrftige, dôrftikeit, wôrden* (Konj.) 35, 23,
   mônche, unmôglich, fôrnemsten, vôrderst, gespôren
   26, 14, *verdrôslich* 7, 15, *erzôrnet* 33, 24.   Nicht
   immer ist zu entscheiden, ob mit *ô* nicht nur ein
   diakritisches Zeichen gemeint sein soll, vgl. *fôrchten*
   (Prät.) 2, 26, *frômkeit.* — *ôrt* 29, 9 doch wohl für *art.*

u für *o* aus *a* unter dem Einfluß des *w*-Lautes: *wu*
   11, 35, *wuhyn* 28, 31; *zwu* 2, 26: die Form ist
   spez. nürnbergisch; *u* für *uo*; im Präfix *zu-* für *zer-*:
   zurißen 35, 10; häufig in der Ableitung: *tugund*;
   über *preutium* s. unten bei *g.*

û für *i* durch Einfluß eines *w*: *wûschte* 11, 15. 21, 8,
   auch in *zwûschen*; für *o*: *durchgûßen* (Part.)? 35, 13 f.;
   für *iu*: *beslûst* 23, 5.

ai ganz vereinzelt.

au für *û* und *ou*: *kaum, gekauft, zustrauwet.*   S. auch
   nachbaur 27, 5.

ei für *î* ist die Regel, doch vereinzelt auch *myner,
   licht, vinde*; vgl. auch *geyzig* 3, 34.

   Neben *benemerein* 42, 3, *furstein* 35, 37. 46, 20
stehen die Schwächungen *fursten* 24, 5, *kunigen*
19, 23. 30 (beides Feminina).

   ei für *i*: *teychter* 2, 8, *weyder* 10, 24; durch
Kontraktion: *treyd, treistu.*

ei für *ie*: *veirt* 7, 30, *veyrfach* 26, 31.

eu = *iu*: *gepeutet, vorpeutstu*; *getrewen* neben *ge-trawen*; *getraw* Adj.! 7, 24.

eu aus *ou*: *zeumen* 37, 14, *gezeumt* 11, 20.

ie oft in *diser* und seinen Formen; *fyecht* 2, 3; aus Ver-schmelzung von *ehe* (*ihe*): *geschiet* 35, 33 f. 47, 12.

Konsonanten.

Labiales.

Anlautend steht *p*, vereinzelt aber auch *b*: *bist, blum, brûgel, unbillich*; das Präfix *be-* zeigt nur einmal die Schreibung mit *p*: *pereitten* 25, 15. Unorganischer Einschub von *p* in *nimpt*.

pf: *enpflûet*. In *sûpffe* 14, 25 hat *pff* die zu erwartende Dentalis in sich aufgenommen.

Dentales.

Anlautend *t*: *trahten, undertenig*; inlautend: *goltes* 19, 3. Abfall des *t* in der 3. Per. Sg. des Verbum sub-stantivum, namentlich vor folgendem *sie*, aber auch sonst gelegentlich: *is* 12, 22 ff. 13, 11 ff.; *ungeschick* 7, 37 f.; unorganisch steht *t* in *abtgôte* 4, 3, *fyecht* 2, 3, s. Weinhold, Bair. Gr. § 143, vgl. auch *darft* (1. Pers.) 31, 4.

th nicht ganz selten: *thun* in seinen verschiedenen Formen, *thur, rethe*(*n*), *zeithen*, in der Ableitung: *reichthum, fûrstethum*.

tt: *retten* 26, 24.

d anlautend *Duringen* 18, 6; inlautend in den Ver-bindungen *ld, nd*: *eldern* 3, 26. 28 neben *lt* 3, 34; *hinder* 28, 5; besonders häufig im Auslaut: *bereid, gad, gered, had, hud, nod, thud, se*(*he*)*d, weind, word, ûbid*; Vorschub: *derstenken* 2, 1; Einschub: *hûnder* 27, 19 (Weinhold, BG § 148); über nürnbergisches *under* = *unser* 4, 34 s. BG § 147, Lexer 2, 1936.

dd: *wydder* 4, 9.

Für *s* gelegentlich *z*, aber auch *s* für *z*: *reisen, reisten* 22, 29.

sch begegnet in den Schreibungen *sch* und *s*: neben *keuscheit* steht *keusheit* 1, 23. 28, *unkeuß* 3, 35; *wûnst* 28, 11; *zusacz* 10, 5 wohl sicher = *zuschacz* (so in X).

Sehr häufig findet sich das Schriftbild *al*: es kann nur *as* = *als* gemeint sein, wie aus der einmaligen Schreibung *volkel* = *volkes* 37, 21 hervorgeht; bei keinem Wort sonst habe ich in Br dies dem *l* völlig entsprechende Schriftzeichen gefunden.

Gutturales.

k: *kegenwert*, *kegenwertig*; — *kumen* 3, 23 neben *quomen*, *quamen*; — für *k*, *ck* (*bedackt* — *gk*: *schigkunge*, *ungeschigk*, *erschrogken*) ist

g im Auslaut sehr beliebt: *gemerg*, *sterg* (*sterk* 10, 18), *trang*, *volg* — *glûg*, *rog*, *schig*, *drûgt*, *geschigt*, *smagte*; *ng* für *nd* (*nt*) (BG § 171): *untugung* 18, 37, *ytzung* 36, 10; *g* für *w*: *rûg* 44, 3, *unrug* 41, 2, *rugten* 45, 12; Ausfall: *medlein* 10, 37. 11, 2 neben *meid*, *meidlein* 37, 21. — Hierher gehört doch auch wohl die merkwürdige Form *preutium* 35, 13. 38, 6 für 'Bräutigam': die Komposition wurde nicht mehr empfunden, *m* begünstigte den Vokal, in dem Verdunkelung eintrat, und *g* wurde in *i* zum palatalen *j*.[1]

h Vorschub vor pronominalen *er*: *her* 5, 18. 6, 28. 17, 2. 44, 29. — Dagegen ist in den Orts- und Zeitadverbien *her* und *hin* in der Zusammensetzung *h* im Anlaut verschwiegen (BG § 194): *erauß* 27, 31,

---

[1] Gebhardts Gramm. der Nürnberger Mundart gibt keine Auskunft. Der Deutsche Sprachatlas behandelt das Wort 'Bräutigam' nicht. Nach freundlicher Mitteilung von Fräulein Luise Berthold kennt das Marburger Sprachmaterial, soweit nicht 'Hochzeiter' gebräuchlich ist, im zweiten Teil von 'Bräutigam' ganz überwiegend die Formen mit hellem Vokal ([j]am, j[ə]m); Dr. Schweizer, z. Z. am Sprachatlas mitarbeitend, verweist — auch ihm sei gedankt — aus bayrischem Gebiet auf *praediχȃm* (Döllwang, südlich Nürnberg) und *prãidiχɔm* (Hohenfels, Bezirksamt Parsberg). — Altbayern südlich der Donau braucht 'Hochzeiter', nicht 'Bräutigam'.

erfûr 8, 31. 47, 10, *erin* 17, 28. 19, 1, *erein* 44, 8,
ernach 34, 5. 39, 7, *ernider* 15, 17 (Schmeller 2, 681;
Deutsches Wörterb. 3, 922), *erwider* 17, 16; *enauß*
37, 20, *enein* 34, 29, *enweg* 42, 32; *h* für *j*: *sehet*
1·6, 28; Dehnungs-*h*: *geh* 14, 35. 23, 37 neben *ge*;
Ausfall in der Verbindung *lh*: *wele* 22, 9, *schilnde*
12, 16, *enphelen* 24, 14; *enpfeld* (2. Plur.), *enpfal*,
enpfolen, *enpfelung* 38, 7; Ausfall auch in *truen*
13, 16, *hôe*, *erhôet*, *das hôeste*, *enpflûet*; durch Ver-
schmelzung von *ahe*, *œhe*, *ehe*: *slan*, *vorsmen* neben
vorsmehet, *sed* 21, 21, *geschen*, vgl. auch *unvorsens*
37, 7; Verflüchtigung: *ja* 32, 1. 6. 33; 33, 20. 42, 17
neben *jach* 34, 18.

Konjugation. Der Infinitiv zeigt weitaus über-
wiegend verkürzte Gestalt (BG § 288. 311): *beger, be-
schaw, bewar, denke, geval* 13, 22, *hôr(e), laß, nem,
ruffe, sage, schreib* 1, 9, *sey(n), fly, vorunrein*; auch in
der Inversion schwindet *n*: *vorsch wir, trage wir*. Die
Partizipialform ermangelt bisweilen des *ge-*: *anlegt* 27, 31,
grûst 27, 34, *funden, geben* neben *gegeben*. — Von
pflegen: Part. *gepflogen* 3, 22, von *schieben* Prät. *schop*;
enphiln 38, 12 könnte auf Vermischung von *vel(h)en*
und *vallen* beruhen, falls kein Schreibfehler vorliegt.
Von schwachen Verben seien die Formen *kart gekart,
larte gelart* erwähnt. Von *haben* begegnen die md. Formen
ir had (Präs.), *had* (3. Sg. Prät.), *gehad* (Part.), im Kon-
junktiv Prät. *hette* und *hed*; vom Verbum subst. 1. 3. Pl.
sein, 3. Pl. *seint*, Konj. *siest*, Inf. *sey(n)*, Part. *gewest*.
Verba präterito-präsentia: *du machst* 5, 37, *mûge,
môchte, muchte*; *schol schal, du schalt, schullen schûllen
schûln, scholden, schôlden*; *gunste gonste vorgunste* und
darnach auch *begunste*; *thur* (1. 3. Sg.!) 14, 23. 16, 26,
tôre wir 4, 27; *darft?* (1. Pers.) 31, 4, *du darft* 8, 13,
wir dorffen 28, 5; *wuste weste, gewost*. — *du wild, welle
wir, ir welt, welde* (Prät.).

Deklination. Bei *ding* sei die Form mit Plural-
suffix *-er* erwähnt: *dinger* neben *ding, kinder, weiber*

42, 18; auch *ir menre* 5, 19; — *m* als Charakteristikum
der Dativflexion bei Adjektiv und Pronomen kann nicht
durchgeführt werden: *n*-Formen sind häufig und ver-
langen Berücksichtigung. — Als feminine Pronominal-
form sei viermaliges *sey* neben *sie* hervorgehoben.

Wortschatz. *über die achte* 'ungezählt' 27, 20;
an werben 'ausrichten' 6, 6; **argdenkig* 13, 30; *breche*
schw. M. 22, 7; *derm* st. N. 30, 2; *ein tragen* definire
12, 23; *enheym* 21, 36; *gedecht* st. N. 37, 6; *g(e)nemlich*
24, 3; *getreukeit* 39, 1; *harnaschen* 47, 18: das alte zu
eng gewordene Hemd mit einem Harnisch verglichen;
he(i)men(en) 15, 3; *heißen* st. N. 'Geheiß' 3, 4; *leyden*
'gedulden, dulden, ertragen' 9, 34. 46, 19, reflex. 3, 15.
6, 21. 23, 20. 44, 7; *leidlich* 36, 36. 39, 6; *portatif*
'Handorgel' 27, 23 (Deutsches Wörterbuch 7, 2005);
*prangerey 37, 23; *schüllen* (prägnant) 26, 6; *spor* 39, 32;
spörnen 44, 25; *stetig bleiben* 'widerspenstig, spröde'
7, 37; *faßung* 'Schmuck' 25, 16; *vor (ge)setzen* 'den
Vorzug geben' 4, 14. 32, 35; *fortmer* 23, 14; **weich-
gütig* 5, 16; *winzig, wyntzg* 9, 34. 36, 32. 42, 27; **wol-
gemütikeit* 35, 29; **wolgeval* st. M. N.? 6, 22. 28, 4;
zeumen 'zügeln, bändigen' 11, 19. 37, 14.

A Berlin, Staatsbibliothek, Ms. germ. quarto 763,
Papierhandschrift aus dem Jahre 1470. Sie enthält
Bl. 1—96 den Roman von den Sieben weisen Meistern
in einer Fassung, die im wesentlichen zu derjenigen in
dem Cod. phil. 22 der Landesbibliothek zu Stuttgart
stimmt; die Signatur ist die der Kgl. Handbibliothek,
jetzt der Landesbibliothek einverleibt; Bl. 96ᵇ—151ᵇ
die Grisardis von Erhart Groß, Bl. 151ᵇ—182ᵇ der
Ackermann aus Böhmen (s. Bernt-Burdach S. 44 ff.:
Handschrift N). Der Schreiber der Handschrift nennt
sich zweimal: Bl. 122ᵃ *Walthizar von der wag* und am
Schluß Bl. 182ᵇ: *Hie hat dieſs puch ein ende | Got vns
seinē heiligen geist sende | Hillff got du ewigs wortt |
Dem leybe hie der sele dortt.* Hierauf *Walthizar Hubner,*
dann schwarz *Dieser Schreiber ist gnant Walthisar von*

*der wag etc. des alten glaubens finiui librū illū feria
quarta post Symonis et iude Anno MCCCClxx.* Die
Handschrift zeigt bayrische Mundart mit Einwirkung
des Ostfränkischen. Im einzelnen s. Zs. f. deutsches
Altertum 29, 428 ff.

B München, Staatsbibliothek, Cgm. 535. Der alte
Einband trägt auf dem Rücken zwei Zettel. Auf dem
oberen steht *Legent der Heiligen*, dann von jüngerer
Hand *Martyrologium P I Jan. Febr. Merz. April*; auf
dem unteren wieder von der älteren Hand *Teutsches
Manual 1457.* Die von Schmeller aufgeworfene Frage:
Die Angabe '1457' hinten auf dem Rücken, woher?
(Bleistiftnotiz auf der Rückseite des zweiten sonst un-
beschriebenen Pergamentblattes) vermag auch ich nicht
sicher zu beantworten, vermute aber, daß die Jahreszahl
auf älterer Tradition beruht und nur als terminus a quo
für die Abfassungszeit der Hs. zu verwerten sein wird.
Cod. 535 (15. Jahrhundert) stammt aus dem eine halbe
Stunde oberhalb Eichstätt gelegenen Kloster Rebdorf
und enthält, wie schon gesagt, Bl. 1—381 ein Martyro-
logium und Heiligenleben für die Monate Januar bis
April,[1]) das für den Eichstätter Sprengel bestimmt ge-
wesen sein muß, wie mich die Vergleichung mit einem
mir vorliegenden älteren Eichstätter Breviarium lehrt. Es
genügt hier der Hinweis auf die besondere Vertrautheit
mit der Eichstätter Schutzpatronin S. Walburga im Texte
selbst wie auch im Inhaltsverzeichnis der in der Hs. be-
handelten Viten. Zu S. Walburgen Todestag (25. Februar,
Walpurg ein junckfrau) findet sich in letzterem
Bl. 2ᵃ am Rande folgender Zusatz in rot: *Item sāt
walpurg beget mā hewt als sie gestorbn̄ ist vnd als si
erhaben wart beget mā sie an dē tag philip vnd jacob
der XII poten* (1. Mai). Die Grisardis (Bl. 176ᵃ— 206ᵃ)
ist unter dem 23. Februar (nicht 13. Februar, wie im

---

[1]) Der Cgm. 537 enthält Martyrologium und Heiligenleben
der Monate September bis Dezember. Der mittlere Band hat
sich laut einem Bleistifteintrag Schmellers (s. oben) noch nicht
wiedergefunden.

Verzeichnis der deutschen Hss. S. 87 angegeben ist,[1])
zwischen Petri Stuhlfeier (22. Februar) und Matthias
(24. Februar) eingeschoben. Der Index führt die Er-
zählung als *Ein gut ebenpild vō eim furstñ vñ Grisardis*
auf. Stadler sagt Heiligenlexikon 2, 530 von Griseldis
'ein in neuerer Zeit bekannt gewordener Name, von
welchem wir jedoch nirgends, nicht einmal in bürger-
lichen Kalendern, in denen doch sonst gar verschiedene
Namen vorkommen, etwas haben finden können.' Zur
Handschrift vgl. noch Germania 37, 201 f. Die Kapitel-
überschriften der Grisardis sind in B nicht besonders
durch Rubrum ausgezeichnet.

C Erlangen, Universitätsbibliothek, 1699. 4. 15. Jh.
Lagen von 12 Blättern, Lage 1 (Bl. 1—8) unvollständig,
davor und dahinter sind zwei Blätter ausgerissen, in
unserm Texte S. 1, 1—2, 30. 10, 3—11, 37; Lage 5
(Bl. 45—55ª) gleichfalls unvollständig, weil nach Bl. 52ᵇ,
auf dessen Mitte die Grisardis endet, ein Blatt mit dem
Anfang der Wyleschen Translation von Eurialus und
Lucretia ausgeschnitten ist (wohl wegen der Initiale,
von der noch Spuren auf dem gebliebenen Blattfalze),
Bl. 53ª beginnt mit Keller 13, 29 *hete gefeyret.* Bl. 131ᵇ
endet Eurialus und Lucretia. Darunter: *Geschribenn
und geendet von mir hanns Münchenn Am nechßtenn
Donerstag vor Michaelis im M°CCCC° vnd im LXXI
Jare,* ferner: *Diezs Puchlein ist Peter Volkemeyrß deß
Jüng'n Die zeitt lannt schreyber meinß Gnedigenn Hrr'enn
Marggraven Albrechts.* — Bl. 132ª Sprüche: Gregorius,
Augustinus, Bernhardus etc., auch *Freydannck*; 134ª
*item Mer von dem heydenn Seneca Der do spricht von
dem weysenn mañ Der seinem Sun vier rede gab*; 134ᵇ
Von Salomon der do spricht — 139ª; 139ᵇ *Hie fahet
an ein hubßch gespreche vō einem wucherer vnd wechßler*

---

[1]) Daselbst ist auch der Name Leupolt zu streichen. Mit
der Grisardis hat nichts zu tun die Geschichte vom Kaiser
Konrad und Grafen (nicht Markgrafen) Leupolt im Cgm. 536
Bl. 126 (Goedeke, Grundriß 1², 365 ist also das Zitat Cgm. 536
zu tilgen) und Cgm. 542 Bl. 361 (Goedeke 1², 302 Nr. 39).

und auch von den kawffleutenn: Anfang: *Ich lag einß
nachtes zu pette Ich horet ein styme zu mir also redte*
usw. bis 145ᵇ; 146ᵃ Sprüche des Augustin — 147ᵇ;
dann noch von derselben Hand: *Fünde ich feyl ein
eysennhut Der für lüge wer gut Und ein schylt für
schelltenn Die czwey wold ich tewr gnugk gelltñ.* Dann
scheinen verschiedene Lagen ausgerissen. Darauf beginnt
Bl. 148 mitten in der Melusina des Türing von Ruggel-
tingen, wiederum in Lagen zu je 12 Bll., von der ersten
Lage (Bl. 148—158) fehlt das vordere Blatt. Nach
Bl. 239 noch drei unbeschriebene Blätter. Auf einem
dem Rückendeckel aufgeklebten Papierblatte steht *1515
Hedwig volckamerin* (aus Nürnberger Patriziergeschlecht).
— Das Wasserzeichen des Papiers (Ochsenkopf resp. Krone)
ist durch die ganze Handschrift dasselbe, auch die Hand
des bayrischen Schreibers scheint durchweg die gleiche. —
Beschreibung und Kollation von C verdanke ich Steinmeyer.

Als Probe der Orthographie Bl. 52ᵃ (52, 32 ff., zeilen-
getreu): *anweyſer ſeiner kinder zu einē troſt | ſein' tochter
Vnd das er Im auch | peyſtünde in ſeinen fürſichtigenn |
sacheñ außzurichtenn den nucz dˢ | gemeyñ Vnd das er
Im auch we|re als ſein vater ¶ Alſo warde | er gefüret
Do der Marggraff vñ | der Gryſardis saſſenn mit Irenn |
kindenn vnd pey Irenn geßtenn Do | ward Im ere vnd
zucht erpoteñ | Vnd er ward vnterweyſet aller ſa|ch wie
der hˢre ſich ſelber vñ Gry|ſardis ſein tochter hete ı
tugend(en) | alſo an enandr' v'ſucht Das ſie | pede danck
vnd lob von allenn | menſchenn hettenn genōmen ¶ | Do
nw der allt Gryſardis vat' | die ſach eygenñtlich vˢnam̃
Do | verwundert yn ſere der groſſenn | furſichtikeit deß
hr'renn. Auch | alle die gegenwertig waren die | lobtenn
vnd eretenn got Der Irē | hˢrrenn ein ſolch demütig
kewßch | gehorſam einfeltig tugennthaffte | fraweñ gebenn
vnd beſchirt hete | Auch ſo kom das geſlechk Gryſar |*

D Wolfenbüttel, Herzog-August-Bibliothek, Hand-
schrift 44,15 aug. fol., s. von Heinemann II, 3, 263 f., enthält
Hugos Renner Bl. 1—191ᵇ (s. Ehrismann, Ausgabe 4, 44),
die Sieben weisen Meister Bl. 195ᵃ—242, zweispaltig ge-

schrieben und Groß' Grisardis Bl. 243ᵃ—265ᵇ, auch zwei-
spaltig geschrieben. Alles von einer Hand des 15. Jahrh.;
gut erhaltener Einband: Holzdeckel mit zwei Messing-
schließen und je fünf Metallknöpfen zur Schonung der
oberen und unteren Außenseite. Über die Herkunft
verlautet nichts, und die Ausführungen M. Herrmanns in
seinem Albrecht von Eyb S. 222. 312 müssen auf einer
Verwechslung beruhen; daß ein Eigentumsvermerk aus
der Handschrift herausgekommen sein sollte, ist nicht
anzunehmen. Nach so langer Zeit läßt sich, nach ein-
geholter Äußerung von Prof. Herrmann, der Fall nicht
mehr aufklären; auch v. Heinemann sagt in seinem
Verzeichnis nichts über die Herkunft der Handschrift.

Als Probe der Orthographie gebe ich den Anfang
der Grisardis. Die Sprache ist bayerisch.

Überschrift in rubro: *Gar ein schône vnd lustige
hystorija zu hôrenn von einem Tugenthaftigen weysen vnd
mechtigenn furstenn vnd herren Marggrauen vnd von
einer diemutigen gotforchtigen Junckfrawen mit dem
Namen gehaissenn Grisardis etc.*

A *lles das mann Schreibt got zulob vnd zu eren vnd*
zupesserung den menschen wann des menschen
fûrsatz gut ist und wirt gefûrt durch uil mittell
in ein gutz ende So ist es fruchtber vor got dem herren
Dorumb als ich geacht hab in dieser zeit kristenlewt sytten
vnd besunder der, Die in der Ee siczen vnd haben nicht
den glauben noch der man dem weib vnd das weib dem man
So han ich von den gnaden gottes willen ein Hystorij zu-
schreiben vnd fûrczulegen den Eelewten vnd allen menschen
zu pesserung als ich sie dann gehort han vnd ich getraw
got, Wer die Historij liset Das sie in raiß zupesserung
seins lebens, wann er hort die fursichtikait des mannes
von dem die rede ist und der demûtigen Junckfrawen
vnd frawen wunderliche Stetigkait gehorsam vnd sterck.

E München Cgm. 6020, 4. 358 Bll. 15. Jahrh.
Regensburger Auslieferung vom J. 1876 Nr. 205. Leder-
band mit Schließvorrichtung, doch fehlt das schließende
Band. Das erste Blatt der ersten Lage, ursprünglich

unbeschrieben, weist von einer Hand des 18. Jahrh. den
Eintrag *Andreæ de Burghausen Vita B. Mariæ* auf,
womit der Schreiber der Handschrift gemeint ist (s. unten
Bl. 358ᵇ). Darunter die Hand des früheren Besitzers:
Sum Matthai Schmolly 1655, in dessen Besitz auch
Cgm. 6038 war. Bl. 1ᵃ rot: *das ist vnser frawen leben.*
Anfang *Do got der vatter geschuff Adam vnd eua in
dem lustlichen paradeiße, do schuff er sie zwen volkumen
menschen on allen prechen geistlich und leiblich.* Schluß
Bl. 218ᵃ *das wir yn vnd dich ewiglichen loben vnd eren
mussen on ende vnd durch seiner pittern marter hell
noch fegfewr nymmer mer enpfinden myssen. Amen.
A · M · E · N.* — Bl. 218ᵇ *Sant Augustein spricht:
(Swer) wol sweygen kan, der hat vil guter nutz.* —
Bl. 223ᵃ Von den sieben Gaben des heil. Geistes. —
Bl. 231ᵃ *Ein gute und nutze vnterweisung vnd lere.* —
Bl. 234ᵃ *Wie der mensch lerner* (!) *sol sich selber ver-
lassen.* — Bl. 241ᵇ Gute Lehren (in Sprüchen, die alle
auf *-lich* ausgehen). — Bl. 243ᵃ Wie Maria nach der
Auffahrt Christi lebte. — Bl. 251ᵃ Von den Kleidern
Mariae. — Bl. 254ᵇ Antiphon der h. Barbara und der
h. Maria Magdalena. — Bl. 256ᵇ Sprüche der 12 Meister,
das bekannte Stück. — Bl. 260ᵇ Geistliches, u. a. Von
den 10 Geboten. — Bl. 281ᵃ *Hie nach volget gar ein
schone lustige hystoria zu horen von einem tugenthaftigen
fursten, der do weiß vnd mechtig was ein her vnd marg-
graue vnd von einer demutigen goczforchtigen Jungfrawen
mit dem namen geheissen Grisardis.* Schluß Bl. 358ᵇ
rot: *Got sey gelobt per me andreas de purckhausen.* —
Eingeheftet ist hinten am Schluß des Bandes eine
Pergamenturkunde vom J. 1435, beginnend: *Ich Wigeleis
vom Wolfstein ritter schultheiß vnd wir die schepffen
der Stat zu Nürmberg Beuelin offenlich mit disem
brieue, das für vns kome In sichte Laurencz wagner usw.*

Der Schreiber von E — bayrisch — hat eilig und
wenig sorgfältig geschrieben, oft — namentlich dem
Schluß zu — sind Worte, vereinzelt auch eine Folge
von Worten übersprungen. Seinen Text nochmals
durchzusehen, hat er nicht für der Mühe wert gefunden.

3. Das Handschriftenverhältnis.

Die sechs Handschriften gehören der Abfassung nach in die Jahre 1436 (Br), 1457? (B), 1470 (A), 1471 (C); DE gestatten keine genauere Datierung als '15. Jahrhundert'. Sie stammen alle aus gleicher Gegend und zeigen die bayrisch-ostfränkischen Sprachmerkmale. Über die engere Heimat hinaus wird die Grisardis des Erhart Groß kaum Verbreitung gefunden haben. Eine Vergleichung der Handschriften ABCDE (im Folgenden mit X bezeichnet) mit Br zeigt in letztgenannter Handschrift nach 13,1 einen kleineren sowie nach 13,11 einen wesentlich größeren, aus Hieronymus contra Jovinianum c. 43—49 (Migne PL. 23, 273—282, bes. 276 CD—278 A) übersetzten Abschnitt, der in X fehlt. Vielleicht überging[1]) den letzteren der Redaktor X, weil er ihm für ein einzelnes Beispiel zu weitschweifig schien. Ob die Vorlage von X ihn noch enthielt, davon später. Sodann: während X in der eigentlichen Griseldiserzählung mehrfach Änderungen vornimmt, meist stilistischer Art, bald stärker, bald schwächer, sind die Abweichungen von Br in der einleitenden ersten Partie, die die Schatten- und Lichtseiten des Ehestandes nach Hieronymus und Theophrast theoretisch und im Predigerton behandelt, äußerst gering, wenn sie sich gelegentlich auch schon hier z. B. bei dem Beispiel Duellius-Bilia (21, 22 ff.) finden. Der Griseldistext im engeren Sinne erscheint in X öfter umfangreicher als in Br, jedoch nicht in dem Sinne, daß der größere Umfang auch einen reicheren Inhalt bedingte. Es handelt sich in X überwiegend um breitere, behaglichere Ausführung, um Stilglättung des in Br vorliegenden Textes, es ist mir aber nicht recht wahrscheinlich, daß ein Schreiber sich der Aufgabe systematischer Erweiterung und Feilung, wozu sich auch Umstellungen (z. B. 28, 25) und sonstige Änderungen gesellen, sich in dem Maße unterzogen haben sollte, wie es in X der Fall ist. Ich möchte

---

[1]) Die Kürzung ist in X 386, 14 durch den Satz *solher clag ist vil* angedeutet.

eher der Vermutung Raum geben, Groß habe selbst seine Arbeit später nochmals durchgesehen, indem er den Text, bei dem er ursprünglich sich allzu streng an seine Vorlage, den lateinischen Grisardistext, gebunden haben mochte — die gelegentlich ungewandte Ausdrucksweise (vgl. 8, 23. 12, 29 f. 25, 21 ff. 42, 17) würde sich daraus gut erklären —, hernach freier und selbständiger ausgestaltet. Diese zweite Redaktion würde somit in X vorliegen.

Daß unter den Zusätzen und Kürzungen sowie bei den Varianten von X immerhin einiges auf Rechnung des Schreibers kommen wird, ist trotz den übrigen Erörterungen sicher zuzugeben: so ist z. B. Br 40, 1 *und sie wolde* bis Z. 3 *thu* in X gewiß nur durch Homöoteleuton ausgefallen.

Die zweite Redaktion der Grisardis hätte also, soweit wir zu urteilen imstande sind, allein sich einer wenn auch beschränkten Verbreitung zu erfreuen gehabt, während die erste, uns in einer wenn nicht von Groß selbst geschriebenen, so doch unter seinen Augen abgefaßten Handschrift (Br) vorliegt und als Vorstudie anzusehen wäre, als erster Entwurf auf Grund der leider verlorenen lat. von Groß verfaßten Bearbeitung.

Die Redaktion X, zu der ABCDE gehören, ist am besten durch B vertreten, wie das Variantenverzeichnis meiner Ausgabe im 29. Bande der Zeitschrift für deutsches Altertum leicht erkennen läßt. A, von dem ich s. Z. leider ausging, steht B bei weitem nach, zeigt viel Irriges, hat auch Auslassungen, die sich des öfteren als durch Homöoteleuton entstanden ergeben. Darin, aber auch sonst, berührt sich C nicht selten mit A, ohne daß ich deshalb eine engere Verwandtschaft annehmen möchte. Immerhin bleiben solche mehrere Worte umfassende Ausfälle in AC auffallend. DE gehen oft zusammen im Einklang mit B. Andererseits gehen aber D wie E auch eigene Wege, ohne daß es lohnte, diese Spuren im einzelnen zu verfolgen. Meine Lesartenauswahl zeigt das zur Genüge. Beide Schreiber haben flüchtig geschrieben, manchmal ohne Verständnis. Oft sind Worte, vereinzelt auch eine Folge von Worten, übersprungen. Die Entstellungen der Personennamen im ersten Teil des Novellentraktates können eine Vorstellung mangelnder Schreibersorgfalt geben. Direkte Ableitung einer Handschrift aus der andern ist nicht nachzuweisen, wenn es auch an auffallenden Berührungen nicht fehlt: so geht E hie und da zusammen mit A.

Das Verhältnis von X zu Br möge der folgende Paralleldruck veranschaulichen.

1. Der erste Entwurf wird verbessert, stilistisch geebnet:

Br	*X*
1, 8 so wil ich und habe von den gnaden gotes schreib eyn hystorie	373, 7 so han ich von den gnaden gotes willen ein ystory zu schreiben
8, 23 do er alt wart — von — grosser lieb wegen der weiber, alzo daz er auch durch der weyber willen aptgote anpette — und kart sich	380, 17 do er alt wart — von — groser lieb wegen der weyber petet er an die abtgötter und kert sich
12, 29 zum ersten sie hindert den fleiß weiß zu sein und sie (*die Weisheit?*) zu erkriegen	386, 6 zu dem ersten hindert sie den vleis zu der weifsheit
26, 20 daz ir haldet daz daz ewer gnade uns hat gelobt. hab wir nicht vor gesprochen' und gefürcht dorumb wir noch sorgveldig sein?	399, 12 das ir behaltet das uns ewer gnade hat versprochen, wann wir noch sorgveltig darumb sein
26, 28 der ker an mich straffung vor euch allen	399, 18 der straff mich darumb vor euch allen
39, 2 zam waß sie und stete, innig gote und yrem man	412, 66 gein gott was sie innig an irem gepete, gehorsam und stet gen irem man
10, 31 *heißt es im Einklang mit der Vorlage Hieronymus:* sein unrecht daz ym geschach, daz troste er mit eym trogico verßen	383, 2 s. u. d. i. g. daz torst er mit einem wort nit offenwaren
42, 17 *s. die Anmerkungen.*	
42, 28 an dem adel der herschaft	416, 18 f. an der herschaft und an dem adel
43, 14 daz nymand möchte erfar	417, 11 das Grisardis noch nymant mocht erfaren

30, 25 darumb pit ich ewer tugunt, her, und von euch ervarne frômikeit (*Hs.*: erv. von euch fr.), daz *usw.*

403, 10 darumb so bit ich ewer furstenlich tugent, ir lat mich von euch erfaren frumkayt, das *usw.*

2. *X erweitert:*

Br	X
26, 29 do sie all antworten: 'nye', do sprach er	399, 20 do sie all antworten 'wir haben ein sulchs von ewern gnaden nicht erkant'
38, 23 Grysardis dornach quam von tage zu tage in grôßer bekentlichkeit des volkes	412, 1 Darnach nit lang do kam die edel und tugenthaft furstin Gr. von t. zu t. in solch groß bekentlichkeit dem land und der gemein, das meniglich gute ebenpilde von ir nam
34, 17 'red' sprach der fûrst	407, 13 do sprach der furst also: Grisardis, rede, wan du hast deiner rede gut macht zu reden gen mir
35, 10 f. das henfen hemde	408, 12 d. h. h. das sie trug an irem leybe
35, 12 f. mit — gestein durchwirket	408, 14 m. g. d. als dann eins edlen fursten praut wol angepurt zu tragen
35, 29 f. daz sich die erde mit dem volck môcht gefrewit habe[1])	408, 28 das sich das ertrich, ob es müglich were gewesen, 'mit sambt dem v. m. erfreut haben
35, 24 f. und sie schôlden ym alle enkegen schreyen mit wünschen daz allerpeste	408, 22 u. s. solten im alzumal e. sch. mit einer frolichen stymme zu w. des aller pesten.
31, 30 in armud halb nacket	404, 13 in a., in swacher wat als halber n.
33, 31 da lachet sie der alt an mit vetterlicher sûzikeit	406, 20 do l. sie d. vater an m. v. s. vor grosen freuden und mocht sich do pey nicht enthalten, er verreret etwan manchen zeher von seinen augen
34, 36 zuhand warf der furst die word dor auff	407, 32 al zuhant do w. d. f. d. w. d. auf und sprach der junckfrawen gar gutlichen zu

---

[1]) *Dagegen ist ein ähnlicher Gedanke* 37, 36 f. *in X* 411, 11 *unterdrückt.*

Erweiterungen größeren Umfangs in X sind z. B. 406, 6 ff.
(*Br* 46, 6 ff.), *vgl. Zeitschr. f. deutsches Altertum 36, 252 f.,*
406, 32 ff. (*Br* 46, 27 ff.), 410, 17 ff. (*Br* 51, 12 ff.), 413, 8 ff.
(*Br* 54, 9 ff.); *eine größere Probe sei ausgehoben:*

Br 24, 23 ff.	X 397, 16 ff.
darnach legt ers für nu den rethen	darnach do leget er es fure den reten
nu der gemein	in der gemein offenlich
nu dem ader dem purger ader edel man	den edlen und auch seinen burgeren
nu hemlich nu offenberlich saget er den willen des fürsten	und saget ine d. w. d. f.
mit sůlchem underscheit weres	m. solcher underscheide, wer es
daz sie wŏlten zu eyner frawen	d. s. w. z. e. fr.
nem wer die wer die seynen augen gevil, sie wer wo den sie wer	nemen w. d. were die den a. des fursten geviel, sie wer von wann sie were
von welchen geslecht ader volke adir zungen	und von w. geslecht
sie wer edel von gepurt ader unedel, hohe adir nider	edel oder unedel
	und von welcher sprach und auß welchem lande
das scholt an ym sten und nymand scholt ym dor ein rede	das soll zu im selber sten und zu nyemand anders und im sol von nymand dor ein geredt werden
mit kurzen worten sie gaben alle yren willen dorzu und gunst, wen sie westen wol, das er got ser furcht	gar m. k. w. g. sie a. gemainglichen ire gunst u. guten w. darzu, wann sie erkanten wol, das er in gotlicher lieb und forcht lebet.

3. Es fehlt auch nicht an Kürzungen in X, ohne daß
man immer einen bestimmten Grund ausfindig machen könnte.

Br	X
25, 27 ff. eyns tages furt er sein sneyder an daz venster, daz er die jungfrawe sach und sprach zu ym: ‚schestu das leiblein der armen tochter die do unden get?‘ ‚ich seh sey‘ sprach er	398, 29 und zu einen zeiten do furt er seinen sn. a. d. v., das er dye junckfrawen sehe
35, 13 sie stund vor yrem preutium — mit plitzenden und doch taubenaugen alzo von dem himel ein engel	408, 15 s. st. also vor irem herren und gemahel — in einer solchen gestalt als ein wunniglicher engel

36, 12 o! lieb kint und auß meyner tochter fraw mein worden

409, 16 f. mein allerliebste tochter und liebes kint: *es fehlt der hübsche Zusatz über die Tochter, die nun auch für den Vater Herrin geworden ist.*

1, 18 der waz auß der maßen guter sytten und darumb mer den es glauplich ist, darumb daz es selzam ist, seim volg lieb und genem

Der Schluß: s. volg l. u. g. ist 373, 18, *doch wohl nur ausgefallen*

28, 7 und wir weln alle zu fueß gen

Fehlt 400, 27; *der Satz schien X vielleicht an unpassender Stelle zu stehn.*

4. *Bemerkungen persönlicher Art werden in X unterdrückt.*

Nach zu liegen der gemein (und wil sie auch nicht betriegen) *in X* 399, 24 *heißt es Br* 26, 32 mit der antwort wolt er auß yn zyhen, der frome her, yr gezeugniz mit warheit, daz allen den not ist, die an der gemeynen schicken, daz von dem hinderlistigen und veinde ich werde gehort: ,bistu eyn artzt, so heil dich selber'.

Desgleichen ist X 412, 33 *nach* cristenheit 39, 21 ff. in den dreyen die oben genand sein, wird die hystoria hie in dem puchlein geendet. *übergangen.*

Hierher gehört auch die in X unterdrückte persönliche Bemerkung in Br 28, 18 ff. besundern so ir vater und sie in yr herzen alz groß ding alzo zukünftig woren nicht lazen steigen.

5. *Als eigenartige Abweichungen in X berühren:*

Br	X
19, 11 *heißt es in Übereinstimmung mit der Vorlage:* die fraw (*Dido*) in keuscheit pawet Carthaginem und vollbracht die stad in dem lobe der keuscheit	391, 16 diese fraw in k. p. ein stat Carthago vnd verpran in dem leben der keuscheit: *Zusammenziehung auf Kosten des Verständnisses.*
4, 14 daz ir der zeitlichen hofnung vorsetztet und ungewißen sachen — meins leibes und sel selikeit	376, 12 daz ir d. z. h. und fursacz in u. s. — vergesset und mich ungehindert last an der sailickeit meiner sele und des leibes
32, 34 seyner lieb mag ich nicht vorgesetzen keins menschen lieb, alzo fürcht ich got	405, 19 s. l. der mag ich nit vergessen und die vorcht gots ist mir uber alle menschenliebe.

6. *Gelegentlich hat X dem Leser dadurch entgegenkommen wollen, daß es schwierigere Worte und Wendungen des Originals umging, sich ihrer ganz enthielt.*

27, 17 ff. *wird das, was zur Hochzeit an Speise und Trank benötigt wird, mit manchen Varianten in beiden Texten aufgezählt. Der Satz Z.* 19 edler wein und prot ('*Braten*') wart do fŭrgelegt mit fogeln die über die achte woren *ist nicht von X* (*vor* 400, 6 der diemutig furst) *übernommen worden.*

Br	*X*
43, 15 und wie wol daz Gris. sach, doch sweig sie stille und wuste übir al nicht, was man mit yren pfanden anfinge	417, 13 doch so ward ir tugent so manigfaltig und so groß, das sie swaig und über solch sach nit antwort gab

Auffallend auch

39, 31 daz du seine sporn der vorsichtikeit in großer demud scholt tragen	413, 10 das er dann solche versuchung mit fursichtikeit und in gr. d. sol tragen

Dagegen heißt es X 406, 12 des vergihe ich sein zu einem zeugen *an Stelle von* dez schal er mein gezeug sein *im ersten Entwurf* 46, 11 f.

Groß schwankt zwischen positiver und negativer Ausdrucksweise, schwächt seine Aussage ab, wenn er an Stelle von kein antwurt 31, 38: nicht snel antwort gab 404, 21; nah 28, 6: nicht weit 400, 27; in kurzen zeiten 3, 26: nit lang 412, 27 *setzt, andererseits wandelt er eine zuerst mit* es ist nicht glaublich (52, 16) *eingeleitete Satzkonstruktion* 411, 19 *ins negative*: es ist auch glaublichen, *und ändert darnach das Folgende.*

Ich habe bereits oben S. XXXIII die Frage angedeutet, ob die Vorlage von X die dort fehlenden Abschnitte 13, 1 und 11 ff. vielleicht noch enthalten habe. Die Frage ist nicht zu umgehen, da Albrecht von Eyb bekanntlich in sein Ehebüchlein mehrere Stellen aus der Grisardis von Groß übernommen hat: es sind Beispiele aus der biblischen Überlieferung und dem Altertum, die sich mit den Fehlern resp. Tugenden des weiblichen Geschlechts befassen, um die Frage zu klären, ob es rätlicher sei, ein Weib zu nehmen oder ehelos zu bleiben. Während Eyb sich im wesentlichen der Redaktion X anschließt und der Rebdorfer Hs. B nahesteht (s. Herrmann, A. v. Eyb S. 311), müssen ihm doch auch jene nur durch Br bezeugten Abschnitte bekannt ge-

wesen sein. Da für ihn die eigentliche Grisardis-
erzählung ausschaltet, er der ersten Partie allein um
der Beispiele willen sein Interesse schenkte, mag es
dahingestellt bleiben, ob in X die erwähnten beiden
Abschnitte absichtlich oder nur zufällig ausgefallen
sind. Während die Grisardisnovelle im engeren Sinne
eine sich abgeschlossene Erzählung ist, mußte der Ver-
fasser für die Vorgeschichte, für den sich zwischen dem
Markgrafen und seinen Rat Marcus abspielenden Dialog
aus zu diesem Zwecke besonders ausgewählten Excerpten
schöpfen. Waren diese etwa ursprünglich selbständig
zu Papier gebracht zum Zweck späterer Verwendung?
Auf jeden Fall darf die zweifache Aufgabe, die Ehe-
frage prinzipiell zu behandeln und sie dann an einem
Novellenstoff zu veranschaulichen, so unkünstlerisch
auch die Verquickung vollzogen wurde, bei Groß nicht
übersehen werden.

Erhart Groß entnahm seine Exempla der Schrift des
Hieronymus contra Jovinianum, Albrecht v. Eyb aber
hat, wie dies Herrmann in seiner Monographie S. 307 ff.
nachwies, bei seiner Auswahl passender Stellen allein
den Grisardistext zugrunde gelegt und weiter ausgestaltet,
ohne auf Hieronymus zurückzugehen. Er hat die Schrift
des Hieronymus nicht gekannt. Da, wo sich vereinzelt
sachliche Abweichungen finden, erklären sich diese als
Hieronymus-Varianten in der Kompilation des Gualterus
Burlaeus: Liber de Vita et Moribus Philosophorum
(hg. von H. Knust, Tübingen 1886, Stuttg. Litt. Verein
Nr. 177), den A. v. Eyb auch für seine Margarita poetica
herangezogen hat.

Dieß puch heist der Grysard.

Allis daz man schreibet got zu lobe und eren
und zu pesserung den menschen. wen dez menschen
vorsacz gut ist und wird gefurt durch vil mittel in
ein gutes end, so ist es fruchtsam vor dem hern.
dorumb alzo ich geacht habe in dieser zeit cristen-   5
leut sytten, besundern der die in der e sitzen und
halten nicht den glauben noch getrawen der man
dem weibe und daz weib dem manne, so wil ich,
und habe von den gnaden gotes, schreib eyn hystorie
und fůr lege den eleuten und allen menschen zu 10
pesserung, as ich sie gehord habe, und ich getrew
gote, wer sie list mit fleiß, daz sie yn reiße zu
pesserung seins lebens, wen er hort die vorsichtikeit
des mannes, von dem die red ist, und der frawen
wunderliche stetikeit, demud, gehorsam und sterg.   15

(109ᵃ) Nu hôr zu, man, und vornym, weip, und
lernt beide zucht und tugund! es ist geweßen eyn
fůrst eyns landes, der gepurt eyn margrafe, und der
waz auß der maßen guter sytten und dorumb mer
den es glauplich ist, darumb daz es selzam ist, seim 20
volg lieb und genem. und der selbige wirdige man
hatte die gnade und selikeyt, das er ein jungfraw
waz des leibes und keusheit und scham, die ir noch
volget, hatte gar lieb. wo sein in unßern zeiten der
fůrsten kinder und nicht die allein, sundern auch 25
gemeiner leut also reyn? und nicht die die jungling
sein, sundern wen sie kaum sein kumen zu zehen
adir zwelff jaren, * zuhand so had keusheit urlaub. * 374

Überschrift rot.

alzo derstenken und vorunrein sie yre leibe und ge-
brauchen (yr) mynre zum pesten der freyen wilkür den
die esel adir andir fyecht von yr natürlichen ordenung.
hyrumb ab dieser hystorien umb gute syten zu leren
5 undirweiln etwaz erlichs und doch daz do stroft
wirt in gefurt, dez schal nymand vorübel haben, ist
er anders vornunftig und mag begreifen den vorsacz
und guten willen, den der teychter diß püchleins
had gehabt durch der pößen zeit willen die do ist
10 in diesen kegenwertigen zeiten. find man aber ymantz
dem es misfellet und wirt dor umb unmutig, so ge
er in sich selber, und vind er sich den schuldig, so
volge er der vornunft nach und nicht unredlicher
bewegung.

15 Daz ander capitel, wie die undertenigen schullen
yren hern für legen der gemeyn nutz, und in großer
nod schüln sie sted sein in dem gewerb, und waß
eyn her schal thü in den pesten auß zu erweln.

Also waz under dem seligen fürsten sein volg
20 frölich und wolgemud, daz sie alzo eyn tugentlichen
hern von den gnaden gotis hatten. doch woren undir
yn etliche die die selikeit der gemein weislich be-
dachten und meinten, es wer nücz, das der her zu
der e griffe und nicht allein blibe, wenn er hatte
25 nicht prüder den er nach seim tode mochte laßen
daz fürstethum den zwu swester. darumb förchten
sie nicht unbillich nach seim tode die zukunft eyns
boßen hern, der in leicht fremd wer und unbekand
und nyndert gleich wer dem hern den sie ytzunt
30 hatten. sie bedachten (109ᵇ) auch das word dez
heiligen ewangelij, daz ein guter paum pringet gute
frucht. darumb quomen sie oft zu sammen in den
rethen und trachten, wie sie möchten ein weg finde,
daz ir her eyn edel weip nem guter sitten alz er
35 wer, wenn sie hoften, daz die frucht gut wörde nach
dez stammes art und frömkeit. die sache die waz
*375 aber swer, dorumb * daz sie (nicht) wosten dez hern

15—18 *rot.*   18 dem   31 *Matth.* 7, 17.

forsacz und daz manß ym nicht möchte für geleg
mit gelympf. doch vorsuchten sie yr heyl durch
nucz willen und beheltniß der gemein und erwelten
auß yn von dem heyßen der gemein die förnemsten,
die dem fürsten vôr legten yre rethe, und quomen 5
alzo vor seine oren. alzo do er vornam den willen
der gemein, zuhand, alz er waz in den worten süße,
gütig und gnedig, danket er yrer lieb und sorgveldi-
keit: ‚aber daz wist, daz ich nicht wil nach mag
ein weip nemen. ich‘, sprach er, ‚getraw gote meim 10
hern, daz er nach meim tod euch vorsorg mit eim
fürsten der pesser ist den ich. darumb daz ir in
mein person habt beweist ewer frômkeit und glauben,
uber das allis bit ich ewir allir tugunt und meßi-
keit, daz ir euch mit mir leydet in dem stük. ich 15
weiß nicht, wie lang ich lebe ader wen mich mein
scheppfer von hynnen hold. darumb so wil ich
keuscheit und reinikeit in meim leibe bewar, die mit
den heiligen engeln gemeinschaft had, und wil meine
sel god dem hern unbeflecket antwerten an alle begir 20
der frawen, und ich schetz daz vor daz aller grôste,
wen ich ewir habe wol gepflogen, daz ich mag
kumen zu dem ewigen reich an grôser sorge dez
weibes und der kinder. wist ir dez nicht‘, sprach
er, ‚daz die kinder undirweilen volgen nicht nach 25
frommen eldern? ich pit euch, das ir gedenkt etlicher
altveter die from sein geweßen und doch yre kinder
sein ab getreten fer von der frômkeit ir eldern beyde
in gotes dinst und glauben und auch in menschlicher
wandelung. Moyses, Samuel, David, Ezechias und 30
Josyas gedenket in den alten vettern! ire kinder die
auß in kumen woren, die wanderten nicht alzo yre
vetter, sundern sie taten in allen yren werken wyder
die fromkeit der eltern. geyzig woren die kinder
Moysi und Samuelis und unkeuß die kin(110ª)der 35
David, alzo daz sie auch nicht * schonten yres eigen * 376
plutz, alz daz offenbar ist in Abnon, der seiner

37 Abnon *d. h.* Amnon

swester Thamar ir er benam. die kinder Ezechie
und Josie, der geistlichen kunige, petten an die
aptgôte.'

Alzo der junge furst und margraff die boten, die
5 von der gemein zu ym gesand woren, nicht mochte
gestillen mit sûlcher antwert, wenn die die gesant
woren wolden yre potschaft ye getrewlich werben
und begerten ein beheglich antwort der gemein
wydder zu pringen, do nam er ein ander sache vor
10 sich, daz er alzo môchte sich auß in geprechen und
sprach: ‚ewirn willen und begir zu myner person,
o lieben prûder, habe ich lange vor gewost und
itzund erkenne ichz volkomelicher, doch gevil mir
wol, daz ir der zeitlichen hofnung vorsetztet und
15 ungewißen sachen, alz ich euch beweist habe mit
fromen vetern und bosen kindern, meyns leibes und
sel selikeit. ir habt syn mir zu nemen eyn blum,
die nymmer mer in meim leibe wyder mag gewachse.
got vormag alle ding, aber daz er wyder macht auß
20 der, die keuscheit vorlorn had, daz sie wyder eyn
jungfraw werde, daz ist unmôglich. worumb wolt ir
itzunt nicht ewern hern (fûrderlich), sundern ewern
frûnd und pruder vorderblich sein?'

Do antwerten die poten und sprachen: ‚her, wir
25 glouben, daz in daz reich der hymel nicht alleyn
kumen jungfrawen ader mônche, wir hoffen, daz man
auch do vinde eleute und witwen. auch tôre wir vor
ewern gnaden daz spreche, daz jungfrauliche reinikeit
ist nicht under den tûgenden die grôst, wie wol wir
30 leßen daz sie dem lemlein nach gevolget haben, und
es sterben vil jungfraun die in irer selikeit und vor-
dinsten in den ewigen leben vil mynre haben den
Abraham der eman. darumb getraw wir ewirn her-
lichen und wirdigen sytten, daz ir undir hofnung in
35 kein weiß last uns vorlißen, wenn unsir keyner
sûcht daz ym nûtze ist in seim hauß, sundern mit
* 377 großer sorgveldikeit vorseh * wir den nucz der ge-

---

4 junge] î nige   31 jûgfraum

meyne. ladz euch, gnediger her, daz wir vor legen,
mit fleiß zu hertzen gen, so ervind ir, daz ewr person
in dem gefengnis der ee mer mag verdynen der
ewigen selikeit den daz ir eyn mônch pleibit. auch
trage wir daz ein zu allervôrderst: wir sein die 5
ewern (110ᵇ) an gotz stad und alles, das ir uns
gepit in zimlichen und erlichen dingen, dez sein wir
euch willig und gehorsam. so ist es auch zimlich
und sted ewirm adel wol an, daz ir in der sache der
gemein willen volpringet darumb daz ir seyt gemein 10
der gemein, und auch daz wir uns nicht schamen
unsir potschaft, daz wir nicht zu getrewen ewern
bewerten und fromen sitten.

Alzo der her daz hort und erkant ir bewegung
auß iren worten, do vil ym ein daz wort des weißen 15
mannes do er spricht: ,ein weichgůtig wort pricht
zorn,' und aber der selbe: ,ein weißer man macht
sich lieplich in seinen worten'. do antwort her und
sprach: ,o ir menre und mein volg, ich erkenne daz
ir nicht welt ab laßen von ewerm urteil, und daz 20
ich red vor mich auß eygener demud die got allein
wol gevellet, so dunket mich daz ewir stetikeit in
aller maß nicht redlich sey. darumb ist es bequem-
lich euch und mir daz wir auff peyde(n) seyten uns
paß bedenken. alzo můget ir nicht denken, daz ich 25
ewir pet vorsmehe und daz ich euch nicht wolt hôren,
wenn alzo lange bey eynander sein die glid meynes
leibes, so hab ich můd zu bleiben in ewir gunst und
lieb und wil alzo erfunden werden, ist mir got gnedig,
bey ewerm itlichen alzo ir mich hald in der gemein. 30
dorumb beger ich von euch, daz ir mir von der
sache nicht mer zu sprecht scherflichen, sundern get
zu den die euch gesant haben und denkt mit großen
ernst waz zu thůn sey. so wil ich auch sorgveldig-
lichen und mit vleiß den willen und die vorsichtikeit 35
gotes an ruffe. lern hye, amptman, mit kůrtzen worten
dez vorsichtigen mannes, das du machst in sůlchen

---

16 *Prov.* 15, 1.   17 *Eccli.* 20, 29.   33 großñ

dingen deinen undertenigen antworten mit demud, mit stetikeit, fruntlich, vorsichtiglichen, nůtzlich und gůtlichen.'

　* **Daz** drit capitel ist von meister Marcus, wie
5 der von der gemein wart zu dem fůrsten gesand und waz er an warp vor die gemein.

Es geschach, alzo die poten quamen zu den die sie gesant hatten und sageten dez hern antwort, daz sie sich alle mit eynander wonderten dez mannes
10 vorsacz und alzo do mit erkanten, daz ir anweißunge unmechtig were, so wolden sie doch und sie mochten auch nicht alzo eim vorsichtigen und heiligen manne frevel gethun, von lieb und gunst, die sie zu ym hatten, sundern yre re (111ᵃ) the und willen gußen
15 sie in eynen meister, der hyß Marcus und an dem hingen alle seyne rethe und der her waß ym vor andern leuten gehorsam. lern hie gůtikeit zu haben kegen deynen pflegern von dießem getrewen volg, besundern wen sey fromm sein und tugentlich, und
20 betrůbe nicht yr meßikeit, ab sie undirweilen nicht thun nach deynem willen, sundern leyd dich mit yn und beyd auch yres wolgevals zu zeiten und an etlichen sachen.

Alzo meister Marcus hort der gemein pet, wie
25 wol er woste seins hern vorsatz, doch sprach er, daz er die potschaft gerne wolde auff sich nemen, wen er hattes vor mut auch mit dem hern zu reden, er her von der gemein wart dorumb gepeten. doch bedacht er sich dorumb daz es beydes gut ist und
30 hettes nicht alzo pald ym vorgelegt, wer die pet an yn nicht kumen. wen wen wir vil dinges ůbirslan in uns, weles das nůtzte sey zu der sel selikeit, so vinde wir kaum das best, dorumb daz wege sein die do dunken den menschen gut, und der außgang furt
35 underweilen in den tod. auch weiß nymand, ob er wirdig sey liebe adir haßes, sundern alle ding werden behalten uns in unsicherheit in die zukunftige werlt.

4—6 *rot.*

darumb so sein die gedanken der menschen furchtig
und unser vorsichtikeit ist unsicher.

Alzo nam Marcus getrawen ytzunt von seins
* amptz wegen und ging zu dem fürsten do er wonte * 379
und sprach zu ym dieße wort: 'wir, alle dein volck, 5
her, von dem grôsten bis auf den kleinsten, tragen
dich in rechter gedult durch deiner frômkeit willen,
weißheit und vorsichtikeit und wandelbarkait in ôrden-
licher schigkunge deines fürstetums. gnediger fürst
und marggraff, darumb pit ich durch meynen mund 10
mit eintrechtlicher stymme alle deines volks, daz du
uns hôrst, her, nach gûtekeit deiner gnaden. aller
leute munt red von dir und spricht, du siest in
tugunden volkumen, und daz ich nicht auff ein newes
an vah und vordrôslich sey dein oren in zu treiben 15
daz daz du kûrtzlich vorstanden hast von boten, die
daz volg zu dir had gesant, alzo pit wir nach alle,
daz du unsern rad nicht vorsmehest, daz du nemst
eyn elich weipp, auß der wir (111ᵇ) mûgen, ist es
gotes wille, erben von dir gehaben.' alzo yn der 20
fürst byß auff das wort hord, do schetzte er die
macht der rede und in gûnstiglichen an lachte und
sprach: ‚ich habe dich, meister, in wirden alzeit
gehabt und ich habe dich in meynen rethen getraw
funden. darumb bistus wirdig daz ich dich lieb habe 25
und teur achte. doch schaltu in der sach mein red
wol vornem und schalt mir sie auflôße, wiltu anders
nicht an endlich antwort kumen zu den die dich zu
uns haben gesant.'

Daz veirt capitel ist von der beswerung die die 30
mußen leyden die an der e sitzen und besundern
von hoffarte der fraun.

‚Ich frage dich zu dem ersten alz eyn weißen
philozopfum und ein besundern mein gesellen: warumb
bedengß du nicht, daz daz allermeist zu vôrchten ist 35
in der e, daz die fraw, die mir wôrde zu gefurt,
leicht von etlichem hynderniß stetig bleibe und un-

---

geschigk zu enpfahen, und wen mir daz gesche, waz
smerze ginge den durch mein hercz, wen ich erkente
daz ich und ir alle hetten vorlorn unser hoffenung
* 380 * und ich besundern hed vorlorn daz daz mir nůmmer
5 mag wyder werde. du vornympst wol waz ich meine,
wan ich hab es auch den geantwort die vor dir
woren zu mir gesant. laß sein daz sie fruchtbar
were und hette doch bôße sytten, alzo daz sie leicht
hoffertig were von gepurt dez geslechtes, ader laß
10 sie sey auß demůtiger gepurt: doch wen sie erhôet
wůrde, so wůrde sie leichte untreglich. ůber daz
alles sein vil untugunt der weiber, die ich stil sweig.
daz du nicht darft denken, daz ichz laße von furchte
wegen, doch wil ich dir von vorgangen sachen etlich
15 zeichen vor lege, in den du mit mir schalt bedenken
zukůmftiglich vo(r)derbnis. hastu nicht geleßen, daz
erschreglich ist zu reden, daz die die got hatte außer-
welt, darumb daz sie den weibern alzu hitziglich pey
stunden, haben sie sich gekart von den hôesten werg-
20 meister. denke mit mir (an) den aller grôßten und
den ersten Adam, den aller stergsten Sampson, den
aller weisten Salomonem, von dem die schrift spricht,
daz sein hercz [daz] waz pôß. do er alt wart, an
zweifel von aus der maße grosser lieb wegen der
25 weiber, alzo daz er auch durch der weyber willen
aptgôte anpette — und kart sich von dem, von (112ᵃ)
dem er had geschriben, daz er ym hatte gegeben
selikeit der vornunft, gedanken, synne und zeitlicher
er leumund, wirdikeit ůber alle die vor ym woren
30 geweßen oder zukůnftig nach ym und der sůlche
macht hatte und gold, daz zu sein gezeiten silber
achte man nicht durch der großen menge willen des
goldes und er wart darumb nicht mer geheißen Ydida,
daz ist den got lieb had, wen er waz ein liebhaber
35 der weiber. und gesche daz mit mir — do got vor

13 furchte] erben X.   14 *hier und* 21, 26 *liest* X vor-
gena**u**ten!   22 *1. Reg. cap.* 11 *und* 3.   33 darumb *am
Rande von gleicher Hand für ausgestrichenes* doch   Jedid - Ja
2. Samuel. 12, 25.

sey! — waz wůrde den auß mir? darumb so wir
(nicht) wißen zukůmftige ding, so laß wir das farn
daz der dinger ist ein ursach. hastu nicht daz in
deim gedechtnis daz do spricht Sextus phylozopfus:
er ist ein eprecher in sein weip * der sie alzu hytzig-   * 381
lichen lieb had. in ein fremd weip ist alle liep un-   6
tugund und in daz eigen, wen sie zu groß ist, schent-
lich. die lieb der schönde ist eyn vorgeslichkeit der
vornunft. die lieb macht unratsam. sie bricht hoe
synne und geiste, sie wirft die sel von grôsen ge-   10
danken und vornůnftikeit und den menschen zu un-
endlichen und vorworfenen synnen. Seneca spricht:
er habe gekant eyn gelarten man, der mit fleisch-
licher lieb alzo gevangen waz, daz er vor sein
prust hing der frawen vorspan, wen er auß ging. er   15
môchte auch an dez weibes kegenwert nicht gesein
ein pungt eyner zeit, und ir keins under den zwein
trang überal, es wer den vor von ym und von ir
gekôß(t)et. der lieb orden waz sitlich, aber die grôße
waz streflich, wen die sitlichkeit waz unsynnikeit.   20
nu, Marce, du gepyter und schicker myner rethe, waz
dünket dich zu thůn nůtzlich in den sachen?'
Do sprach meister Marcus zu dem fůrsten: ‚ich
erkenne, her, daz ir vil beweißung bey euch habt,
daz ir můget wern ewirn vorsacz. darumb wil ich   25
mein antwort vorzihen, pis daz euwir gnade had auß
gesprochen ire bewegung, unde die weil ir daz thud,
so wil ich ewir wort fleißlich merke und den dar
auff antworten, und auß den zwein welle ich zyhen
daz do nůtz und weisheit vol ist. darumb waz nach   30
do hinden had ewir synreichkeit, daz zyht erfur,
wenn mich dünket daz ir nach vil habet zu reden.'
(112ᵇ) * ‚Hôr nu,' sprach der marggraff zu Marco,   * 382
‚und leid mich enwynczk, so wil ich dir sage waz
ich gelernt habe von den weisen Augustinus. der   35
selige vater schribit eyn puch zwischen ym und seiner
vornunft, do er undir andern vil fragen die den

---

11 dem   37 dem

menschen zu begir zyhen, wirt gefraget von der
vornunft, ab yn nicht gelůstet zu haben eyn weip,
besundern wen si schôn und rein wer, schamig und
gelart und guter syten ader die von dir môchte gelart
5 werde, die auch gnug gebe im zusacz, die dich auch
nicht hinderte adir beswerte dein studirn und be-
sundern wen du dez sicher wers, daz sie dich
nůmmer betrůbete. do antwert Augustinus seinr
vornunft: ‚male mir sie, wie schôn du wilt, und hůfel
10 mir sie mit allen tugenden, so wil ich doch keinerley
as sere fly alzo weibische geselleschaft, wen ich vinde
keynerley daz alle kunst alzo der nyder drückt und
eyn menlichen mud alzo weybische wort und ir be-
greiffen, an daz man das weip nicht mag gehabe.
15 so also an gebůrd daz ampt eyns weißen mannes,
daz er schol unkeuscheit vorsmen, und der der eyn
weip hat, ist (daz) an daz daz ich gesprochen habe,
des sterk ist zu wundern. aber ich traw ym nicht
noch zu volgen. wer sich vorsuche wil, der tud
20 tôrlich, und er ist seliger, der ym enpflůet. darumb,
alz ich wene, so habe ich mir recht und nůczlich
gepoten zu freyheit dez leibes und der sel nicht zu
begern, nicht zu sůchen und zu nemen kein weip.
alzo hastu, Marce, starcke beweißung weyder die en-
25 zůndenden wort der frawen.‘
‚Hôr, waz ich red wyder yr hoffart. Philippus,
Allexandri vater und kunig in Macedonia, wyder den
Demostenes offenberlich schreibet, der ging eyns noch
der gewonheit in die kammer, und sein weip treib
* 383 yn * zorniglich auß. assie die kammer noch ym zu
31 slug, do sweig er, und sein unrecht daz ym geschach,
daz troste er mit eym trogico verßen. der rethor
Gorgias, der schreib den Krichen außdermaßen ein
schôn puch von der eintrechtikeit, assie unein worn,
35 und laß daz yn Olympie. da antworten sein veind
Melancius und sprach: ‚der gepeutet uns eyntrechti-
keit, der sich und sein weip und sein medlein, drey

---

5 zusacz = zuschacz   17 ich] ist   35 = antworte im

in eim (113ª) hauß, kan nicht eintrechtig gemachen,
wen sein weip die neid dez medleins schônde und
darumb had sey mit dem keuschen manne teglichen
krieg. Socrates der hatte zwu frawen und die krigeten
oft mit einander, und wen er daz horte, so spotte er 5
yr, daz sie umb yn, ein stinkenden menschen mit
halben naßelôchern, mit eyner kaln stirn, mit eyner
rauchen prust und der auff dôrftigen fůßen ging,
krigeten. do worden sie hold an ein ander und
saczten sich wyder yn und handelten yn gar ůbel 10
und lange zeit triben sie yn umb. es geschach eins,
daz ir eyne stund oben ubir ym und sprach ym gar
schemlich und vil pôßer rede zu, und as yr Socrates
* antworte, da begoß sie yn mit unreinem waßer. * 384
do antworte er nicht mer, sundern er wůschte daz 15
haupt und sprach: ich wôste wol daz nach dem
donre eyn regen queme. du schalt nicht wene, Marce,
daz der weiber hoffart und zorn (durch) die demud
yres geslechtes und gepurt gezeumt dor umb sey,
wen sie erhôet werden. dez ist ein zeichen, Marcus, 20
Chatho [und] Censorius, wen Actoria Paula sein weip,
wie wol sie waz geporn von eym demůtigen geslecht,
so waß sie doch außdermasz frevel, unvorschempt
und, daz kaum glaublich ist, waz sie Cathoni hoffertig.
wiltu, meister, nicht auch hôr von eim andern heym- 25
lichen leyden, doch wil ich dirs, Marce, vor legen,
aber du laß dirs zu herzen gen. as die hystorien
sagen, so ist zu Rome gewest gar ein hůbischer man,
den sein freund strafften dorumb das er hatte urlaub
gegeben eym schôn weibe, die keusch was und hatte 30
gnug an zeitlichem gut, alzo daz es kaum zu denken
were waz yn beswert hette. do ragt er eyn fuß von
ym und sprach: seht, der schuch ist newe und leit
mir hůbschlich an dem fuß, aber ewir keyner weiß
[auß euch], wu er mich drůckt den ich allein. Tullius 35
Cycero wart gebeten von Hyrcio, daz * er sein * 385
swester nem sint dem mal daz er Terencien hatte

---

8 raushen   gingen   21 artoria *vgl.* 8, 33 *Lesa.*

urlaub gegeben. do wolde ers ůbir al nicht thun
und sprach: ich kan nicht gnug gethun dem weibe
und meim studirn. waz sprichß du dar zu, Marce,
lieber meister? ich pit dich, daz du (113ᵇ) mir
5 antwortzt, wen du weiz vor allen leuten mein ge-
schefte.'

Da sprach meyster Marcus zu dem fursten: ,ist,
her, hye das end ewir bewegung?' ,nein,' sprach
er. ,ir must,' sprach Marcus, ,gnediger her, ewir be-
10 wegung alle auß gyßen, alzo daz die geledigete stad
mag in sich genemen daz fromen pringet und nucz
ist.' do antworte ym der marggraff und sprach: ,daz
ich nu, meyster, wil auß spreche, do schaltu mich
wol vorsten und schalt nicht denke, daz ich die e
15 wil vordamnen, die do heilig ist und von god ge-
schaffen. aber schilnde und ůbir eyn auge straff
ich do mit heftiglichen bůbin und růffian und be-
dack(t)e ebrecher, dye alle mit der e bedackt werden,
daz mir gar ser misfellet. Theofrastus der heydnische
20 meister schreibt eyn puch von der e, daz er heist
Aureolam. do fraget er ynne undir vil fragen, ab
eyn weiser man schol eyn weip nemen. zu hant
* 386 treyd er yn: * is sie schŏn, had sie gute sytten,
is sie von guten leuten, is sie gesunt, is sie reich,
25 is sie geschicket kinder zu machen: alzo mag ein
weißer man underweilen eyn weib nem. darauff ant-
wort er zuhand: daz vindet man selten. aber wen
du sie genympst, so hastus alles. darumb schol kein
weißer man ein weip nem. zum ersten sie hindert
30 den fleiß weiß zu sein und sie zu erkrigen, und es
mag nymand gewarten der pŭcher und des weibes
gleich. so ist auch vil daz do gehŏrt zu des weibes
notdorft: edle kleyder, golt, gestein, zerung, meyde,
allerley hausrad, wagen, sliten und allerley guldin
35 gesmeid. ůbir daz kosen sie die ganze nacht und
clagen: die ged auff der gaß baz gezyert den ich,
die ern alle leut und ich arme, wen die frawen zu-

16 und *fehlt* X.　　32 der

sammen kumen, werd vorsmehet. wôrumb hastu die
fraw an gesehen? waz hastu mit der meid gered?
waz hastu mir vom margt pracht? ich dôrftige habe
kein freunt noch gesellen. ander leut lieb denkt
sie, yren haß von dem man. wyße wir indert eyn   5
weißen man der uns nütz wer zu suchen, so mûg
wir daz weip nicht allein gelaßen, und nympstu sie
mit dir, so treistu ein bürde. eyn arme mag man kawm
ernern, eyne reyche zu tragen ist peynig. setz dar
zu, daz du sie nicht beschaw macht, den as sie kûmpt, 10
alzo mustu sie behalten. is sie zornig, is sie eyn
törin, is sie ungestalt (114ª), is sie hoffertig, is sie
unrein ader waz man von untugent vindet: daz lernt
man erst noch der hochzeit. pfert, ochsen, kûe und
schaf und auch geringen hausrad, kleyder und hafen, 15
kandeln und gleser, tysch und truen vorsucht man
ab sie gevallen, er sie gekauft werden. allein daz
weip lest man nicht sehen, daz sie icht misfalle, er
sie genomen wirt. alle zeit muß man sie 'an sehen
und lobin yr schôn, und sehestu eyn andern an, so 20
meynt sie, sey geval dir nicht. aber wen sie sehet,
der muß dir wol geval, auch ab du ym veind pist.
befielz du ir auß zu richten das ganze hauß, so
mustu dienen. beheldestu aber etwas deim willen,
so meind sie, du getrauser nicht. also wirt sie dir 25
veind und kriget ûbir tag, und vindestu nicht balde
doryn rad, so sich dich fûr. alte weyber und zu-
pleser und die feil haben edel gestein und gewant,
lestu die zu ir, so ist ir zu fôrchten. vorpeutstu yn
daz hauß, so spricht sie: du pist argdenkig. aber 30
waz ist nûtze fleißige hud, wen man doch ein un-
vorschemt weip nicht mag bewaren und eine schâmige
schal man bewaren. es ist eyn ungetrew notdorft,
wo man keuscheit schol in hud halten. ich sprich
daz daz ein keusche fraw sey, der zimlich waz zu 35
sundigen und sie wolte nicht. aber eyn[e] schôn
weip fellet schire in lieb und eyn unreine und un-

---

geschaffen ist vol begir. alzo ist ůbil zu bewaren
waz vil leut lieb haben, und es ist leidlich zu haben
daz nymand gert. doch ein ungeschaffene ist paz
zu behalten an großen kumer den die schon mit
5 hute. es ist ůbir al nicht sicher daz alle leut gern
hetten. der mit schônde, der mit list, der mit hofieren,
der ander ůbirwind mit gelde. alzo wirt zum letzten
umb geworfen daz umb und umb ist umbgraben.
ab es auch were, daz man weyber neme darumb daz
10 daz hauß werd dester paß auß gericht, daz man dest
mynre sorge hab ader trost in dem sichthum, daz
ist unweislich, wen sůlche ding richt vil paß auß
eyn getreur knecht, der gehorsam ist des hern gewalt
und volpringet sein geheiß den eyn weip, die sich
15 in dem eyn fraw schetzt wen sie wyder den man
thud, daz ist waz sie wil, nicht was sie wirt geheißen.
eym sichen man sitzen auch nůtzlicher bey die frůnde
und from gesynde umb yren lon den die (114ᵇ) die
uns fůr wirft yre zere und bekůmmerniß und die
20 von hofnung wegen des gutes verkauft sich, und mit
yrer sorgveldikeit macht sie den sichen man zaghaft.
is aber daz sie siech wirt, so muß man mit ir siech
sein und man thur nicht von dem pette gen. is auch
daz daz weip gut, from und lustig ist und stille, die
25 man doch kaum vind, so sůpffe wir mit ir wen sie
treid, und wen sie gebirt, seyn wir mit ir in großen
sorgen und leyde. aber eyn weißer man ist nůmmer
allein, wen ym ist kegenwertiglich die vornunft,
und die guten die ye gewest sein had er vor ym
30 und er kert den freyen mut wo er hyn wil, und
waz er nicht vormag mit dem leibe, daz volendet er
allis mit vorsicht. geprechen im leut, so red er mit
gote. alzo ist er nummer mynre allein den wen er
allein ist. auch ab man zu der e greift umb kinder
35 wegen, daz unser name icht vorgeh, adir daz wir
haben unsers alters vorsorger und gewisse erben,
daz ist rechte unsinnikeit. waz get uns daz an, wen
* 387 wir von dieser werld scheiden, daz ein ander * ge-
nennet wirt nach unserm nomen, so doch der sun zu

hant nicht gleich ist dem vater, und er sein vil die
ein namen haben? ader waz ist daz nûtz, daz du do
hemen ernerest daz licht vor dir stirbet adir wirt
unleidlich? ader wen er kumpt zu seinen jaren, so
erpeit er kaum daz der tod dich hole. darumb so 5
sein pesser und gewisser erben gute frûnde und
magen, die du getraw erfunden hast den die die du
must habe, es sey dir lieb oder leid. doch ist daz
daz gewiste erb, daz du deins gutz wol geprauchst
die weil du lebst denn daz du daz, daz dir mit 10
deyner erbeit und sorge ist saur worden, lest andern
leuten leicht zu pôßheit. daz sein alles, Marce, die
word Theofrasti des phylozophy, und sage mir nu,
waz dir mit mir zu mûte sey und welchen cristen-
menschen bewegen dez heyden word nicht, so unser 15
wandelung schal sey in dem himel? und wir scholden
alzo volkomen sey in unsern leben, daz wir alzeit
sprechen mit Paulo: ich beger zu sterben und zu
sein mit Christo. ich sprich mer: schol der beger
erben, der do ist teilhaft des erbteils Cristi? und er 20
schal wunschen kinder und kindeskinder die leicht
der endecrist vindet? und alzo ich geantwort hab
den die vor dir die potschaft worben (115ᵃ) von den
rethen und gemeinen, daz Moyses und Samuel yren
kindern ander leut vorgesaczt haben, darumb daz sie 25
sahen, daz ire kinder nicht gote wol gephilen. hye
sey daz ende meiner bewegung und ich wil dich
nicht lenger mit meyn worten auff halten sundern
ich pit dich, daz du nicht undirdrûckes und ver-
sweiges dein gedunken und in ganzen getrawen mit 30
nûtzen rethen undirweiße uns.‘

Das V capitel ist von schamigen und keuschen
frawen und wirt auß yn beweist zucht der e und daz
sie nicht alle leut schûln vorsmehen.

* Do sweig meister Marcus enwenig mit gehangem * 388
antlitz und dachte, waz er zu sûlcher weisheit scholte 35

3 hēmen   10 daz du: daz *am Rande nachgetragen, wenn
auch mit irrigem Verweis.*   18 *Phil.* 1, 23.   24 *ist zu lesen*
under (= unser X) gemeine?   30 gedanken X.   32—34 *rot.*

antworten. darnach richte er sich auff und ging den
hern an mit sůlchen worten: ‚gnediger her, mich had
vorwundert, und byn erschrogken in mir, die hőe der
vorsichtigkeit euwirs herzen rethe, so ich schetze ewern
5 vorsatz, worumb ir habt piß auf dyße zeit gesessen
an geselleschaft weiblicher art, und wie wol ir von
angeporner frőmkeit und demud oft mit mir, ewerm
diener, habt von der sache gered, so hab ich doch
nicht volkomlichen die heimlichkeit ewers herzen vor-
10 standen biß an dieße zeit. hyr umb alles daz ir habt
vor legt, daz ist wirdikeit vol und durchleuchtit mit
der warheit. doch pit ich ewir fůrstlichen tugunde,
daz ir mir nicht vorůbil habt, daz ich antworte
alles daz mir meyne sinne vorlyhen, wenn ich, ewir
15 diener, pyn zu antwort auch vol windes, alzo daz
er mich twinget, laß ich (in) nicht von mir zu vor-
antworten frawen zucht und ere. wer ist, der auch
der enpfangene(n) rede mag pey ym behalten?‘ do
sprach zu ym der marggrafe: ‚red in gantzem ge-
20 trawen, meister, und behalt ůbir al nicht pey dir
vorholen.‘ do antwort meister Marcus: ‚allez das ir,
her, habt vorzalt oben, alzo ich vor gesprochen hab,
daz ist zu főrchten, sehen wir allein pőße und tőrechte
weiber an. aber daz ist nicht zimlich alwege. wen
25 in aller maße alzo vil seint zorniger und hoffertiger
frawen, alzo thur ich sprechen, daz man auch vind
gůtige, zůchtige und tregliche (115ᵇ) frawen. wer
darumb wil alle winde in acht habe, der sehet kein
acker, und wil er merken alle wolken, so hewt er
30 nůmmer. alzo sprich ich, das die e ist darumb nicht
zu vorlaßen allen leuten, besundern wer vernunftig-
lichen wil schetzen den stad vil leute und volckes.
* 389 ab bose weiber sein zu forchten, * welle wir darumb
alle pfaffen werden ader mőnche? Cristus, unser
35 lieber her und god, dem wart in seyn seliges haupt
gedruckt eyne dőrnyn kron, do von itlichem stift
besundern sein tropfen kumen seines edlen und teuren
plutes. in eym gleichnis edels gesteins: waz sein die
steinlin in der kron Cristi anders den mancherley

stad alles cristenvolkes, die daz haupt Cristi zirn?
wenn her ist unser aller haupt, und alles cristenvolg
sein leib ewiglich an ende. darumb so mûssen in
der zirde des hauß gotes etliche sein jungfrawen,
etliche witwen, etliche eleute und ander keusche 5
menschen alzo mônche, pfaffen und closterfrawen.
und daz obgnante volg wirt auch anders under-
scheiden: alzo habe wir kunige und fûrsten und
ander prelaten, die der gemein vor sein und auch
die dez leibes nod vorsorgen: alzo habe wir acker- 10
leute, vischer, sneyder, kaufleute, becken und schuster
und gemeinlich alle hantwergleute, und daz alle ding
ôrdenlich sten in dem heiligen gemein dez geistlichen
leibes und in yn nicht kum eyn schedlich teylung,
so ist es nicht zimlich, daz der fyscher sei eyn fûrst, 15
und erwyder stûndes ûbel, daz der kunig wer eyn
mûller. alzo begert die zimlichkeit aller state vor-
dinst und wirdikeit der gepurt eyns idlichen ge-
slechtes, und wer alzo begert gote zu gevallen wol,
der bleibe in seim orden, dor in got in had geschicket, 20
und sey dor ynne tugentlich, so nympt er noch seyner
arbeit den lon von gote hye und nach dyßem leben.
alzo nu ewir fûrstliche wirdikeit ist allein in ewir
person dez furstethums, so ist es zimlich in allem
gemerg, daz ir volget dem pet der gemein. besundern 25
so die pet ist in erlichen dingen und ist nicht wyder
der sel selikeit. und daz ich daz vor ewern gnaden
rede: ir habt vil erin gezogen von untugenden der
weiber euch zu eyner entschûld(ig)ung. (116ᵃ) doch
hôrt mich in gedult, so wil ich euch ûbirwinde mit 30
beyzeichen frumer frawen und wil mit macht Hercule
den brûgel auß der hant neme.'
    * Saget mir, waz dûnket euch von den weibern, * 390
die got in der heiligen schrift had uns gegeben zu
eynem spigel, do wir uns schûllen inne beschawen. 35
Sara, Rebecca, Lya, Rachel und Debora, Jahel, Judith,
Hester und an zal ander vil, und in der newen e

---

vil frawen auß und in der e und vil jungfrawen, die
umb tugund sein durch daz swert zu Cristo kumen?
was denckt ir besundern von Elyzabeth, sante Johannes
dez teufers mutter, Anna, unsers herren Jhesu Cristi
5 anfraw, Anna die tochter Pfanuel, Placilla Theodosii
des keysers weip, Elyzabeth landgrafin in Duringen,
Paula und Monica die muter Augustini und ubcr alle
die muter gotes und meid Maria, die alle haben an
der e gesessen, mit underscheid doch Maria mit yrem
10 gemahel Josep? aber so ir habt von heydenischen
frawen euwir disputirn volbracht und vorzalt ire un-
tugund, euch zu hůlfe, so wil ich nu mein antwort
thun auch von heydenischen weibern und wil außen
laßen vil wirdiger frawen auch in dieser zeit und
15 wil auß yn beweisen sůlche keuscheit und frômkeit,
daz ir můst sprechen, daz ir ůbirwunden seyt, und
must volpringen daz daz wir zimlich und erlich von
ewirn wirdigen gnaden haben gepeten. daz daz do
pôß ist beweget unterweilen eyn menschen, aber daz
20 gut ist daz leit oben. darumb daz gut kumpt nicht
weßlich auß dem pôßen, sundern daz pôß ist, daz ist
von dem guten pôß worden.' do sprach der marggraf:
,thustu daz, Marce, so thu ich an rew deinen und
des volkes willen.' ,die antwort,' sprach Marcus, ,her,
25 die habe ich nicht mit tauben oren gehord von ewerm
munde, und daz ir sey nicht wyderrůft noch intrag
vindet, des secz ich euch selber zu eym gezeugen.'
,ist mir got gnedig,' sprach der fůrst, ,so pyn ich
ein gezeug und volpringer der werg, erkenne ich,
* 391 daz * du mir hast gnug gethan in deyner antwort.'
31 ,so wil ich,' sprach Marcus, ,euch, her, fůr lege
weyber, die nicht allein yr man yn großer keuscheit
haben lieb gehabt, sundern sie sein alzo keusch er-
funden, daz, wen in der man starb, zu dem sie woren
35 jungfrawen kumen, daz sie nach ym nicht wolten
lenger lebe, ader sie schetztens vor außdermaßen
große untugunt daz sie ein andern man hetten ge-

---

2 swerg   3 io hēs *Luc.* 2, 36—38.   37 untugung

nomen. und zu dem ersten zyh ich erin (116ᵇ) Dydo,
Pigmalionis swester, die nach yres mannes tode samnet
ein große sum goltes und silbers und fur über mer
und pawet die stad Carthago. do daz sach der kunig
Hyarba von Libia, do warp er umb sie zu der e. 5
aber sie schop es auff, pyß daz die stad volbracht
würd. nicht lange darnach alz die stad volbracht
waz, do machte sye ein groß feur zu dem gedechtnis
der lieb yres toten mannes Sichei und warf sich darin
und wolt lieber prinnen den eyn andern man nemen. 10
die fraw in keuscheit pawet Carthaginem und vol-
bracht die stad in dem lobe der keuscheit. Hastrubalis
eyns künigs weip, alz yre stad von den Römern wart
gewunnen und enzündet und waz umbgeben, daz irem
leib nicht unrecht wyderfür an der keuscheit, do nam 15
sie yre kinder zu peyden seyten und flog von dem
hauß ernyder in daz feur. hört, was thed Nycerati
weip: alzo ir man unrecht leid von seinen veinden
und wart getôt, do tôtet sie sich auch, daz sie icht
muste leyden smacheit der keuscheit von den tyrannen, 20
die Lysander had auff gesatzt, do er Athenas gewan.
Arthemi(si)a vor zeiten ein weip Mausoli, von der
saget man große keuscheit. sie was eyne kunigen
Carie und ist von edlen poeten und von hystorien-
schreibern ser gelobet und besundern darumb aller 25
meist, daz sie yren man tod allezeit as lieb hatte
als am leben. und sie pawet auff yn ein grab wunder-
licher schön unde groß, daz piß auf dießen tag alle
edle greber * von yrem man Mausolo heist man * 392
Mausolea. Theuta die kunigen Yliricorum, daz sie 30
lange zeit wer ein gepyterin außdermaße starker
manne und daz sie oft mit yrem her prech der Römer
sterg, daz had sie vordient mit keuscheit. die Inden
und gemeinlich alle heyden haben vil weiber und sie
haben under yn daz gesecz, daz die allerliebßte under 35
yn wirt vorprant mit dem man, wen er tod ist. wen
alzo die leich auff der par stad, so kumen zu sammen
alle seyne weiber auff das hôeste gekleidet. do hebet
sich under yn den eyn krig, wele die keuschte ist

gewest, und daz gezeugniß der keuscheit beweist allein
der tod. die do alzo oben leid, die setzt sich yn yrer
zierde pey den toten man und halst den und kůst yn
und vorsmet daz feur durch die liebe der keuscheit.
5 ich mein, die alzo den tod vorsmed, daz sie yren
man (117ᵃ) lieb had und kein andern nach ym
habe.' Alcibiades der Socraticus der floch zu dem
herzogen Pharnabasum, alz Lysander Athenas gewan.
der herzog nam lon von Lysandro und slug Alcibiade
10 daz haupt ab und sante ez Lysandro und daz ander
teil lies er unbegraben. aber sein meid, Alcibiadis,
die pey im auß der e slief, die ging wyder daz gepot
dez [veintlichen und] unparmherzigen feindes durch
die veinde und waget yren leip und begrub yren
15 hern. das scholn an· sehen cristenweyber, die frey
sein, und yren mannen den glauben halten, den do
* 393 hild * ein unelich weip ym gevengniß. Abradites
hatte zu eim weip Panthiam, die yn ausdermasen
lieb hatte. alzo die Panthia waz unglaublicher
20 schône, und Abradites hatte gar ein guten freund,
dem er saget yre schônde dez leibes und schamkeit
und weiste Panthiam eins nacket seim frůnde. aber
sie wostes nicht. daz quam vor den kůnig Cyrum,
alzo Xenophon der phylosophus schreibt, und er ließ
25 darumb Abraditen tôten. do sprach Panthia: der
kůnig had rechte sache gehabt, daz er mein man
had getôd. ich erkenne daz er mich nicht alzo lieb
gehabt had alzo ich yn, daz er mich nacket had
laßen sehen ein andern man. doch beharret sie in
30 des toten mannes liebe und legte sich pey den wunden
leip und stach sich durch yre prust, und yrer wunden
pluet goß sie in die wunden des toten mannes. Strato
der kunig in Sydone der furchte die Persen, und
wolde sich selber tôte. doch schob ers auff und
35 peyttet mit furchten der veinde zukunft. Alz sein
weip erkante daz er zuhand wôrd gevangen, daz er
den veinden nicht zu eyme spot wôrde, do nam sie

---

11 abtides *A*; Altidis *BDE*; Abtidis *C*

ym daz swert auß der hand und stach yn durch beyde
seyten. darnach legte sie sich auff yn und tôtte sich,
daz sie icht nach yrem manne mûste eyns andern
gewalt leyden. Lucreciam, as die hystorien sagen,
leyd zu Rom gewalt und frevel an yrer keuscheit 5
von den jungen Tarquinio. darnach wolte sie nicht
lenger lebe, (umb) daz yrem manne an ir waz un-
recht geschen, sundern die makel wûschte sie ab mit
yrem pluet. darumb wart der kûnig Tarquinius mit
seim sun, der die untugunt hatte do gethan, außge- 10
triben und daz reich wart ym genomen (117ᵇ) * von * 394
den Rômern. ich lobe, her, in der keuscheit der
frawen nicht, daz sie sich selber haben getôt, sundern
sûlche keusche und tuguntliche scham und reynickeyt
schûln cristenweiber an yn haben. habt ir eyn gnûge 15
an den exempeln von großer trew und frômkeit frumer
und keuscher frauen, wan die pôßen sein vor zalt,
so had mein antwort hie eyn ende.'
　,Mich dúnket,' sprach der margrafe, ,daz du,
Marce, noch mer pey dir hast, und waz daz ist, daz 20
laß uns vornemen.' ,sed, her,' sprach Marcus, ,ich
wil ewerm willen gnug thûn. Duellius der auß den
Rômern zum ersten in schiffen streiten oben lag, der
nam die jungfraw Bylia zu der e, dye alzo großer
schame und keuscheit waz, daz sie nicht allein der 25
vorgangen werlt, sundern auch dieser gegenwertiger
schal sein eyn lebende exempel. es leyd undirweilen,
alzo von ewer synreichlichkeit oben auß gesprochen
ist, frawlich scham not und had zu wyntzg, und daz
ich sweige der bûbin, so ist doch daz eyn sprich- 30
wort, daz die weyber gemeinlich legen die scham ab
mit den kleydern. der Duellius, do er ytzunt alt waz
und wart in seim leybe zitternde, der horte eyns von
seim vinde, daz er zu ym sprach schentlich: ,du
stinckendes maul.' do er daz hatte gehort, do ging 35
er enheym und claget es seyner Bylien und sprach:
,worumb hastu mirs nicht lange gesaget, daz ich hette

do fůr ertzney gethan?' do sprach Bylia: ,ich hettes
lang gethan, aber ich meinte, daz allen mannen
ir mund alzo smagte.' die frawe die ist, her, löblich auff beydes, daz sie alzo schamig und keusch
5 was, daz sie as vil jar hatte in groser gedult getragen dez mannes stinkenden mund und daz der
man den prechen seynes leibes nye erfur von beswerung dez weibes, sundern von übelsprechen seines

* 395 veindes. an * zweivel: wele fraw zwen man had er
10 kand, die mag daz nicht gespreche von schamiger
unschuld. Martia, die tochter Catonis dye junger, die
ward gefraget, worumb sie nicht ein andern man nem,
nach dem der ir wer abgangen, so sie doch hette
eyn lieblich antlicz und eyn schön leib und großen
15 reichtum. do sprach sie: ,ich vinde kein man der
mich lieber had den mein gut.' mit der antwort had
sie höflich beweist, daz man an den weybern mer
an sehet daz gut den die keusch(118ª)heit und wirdige
schame. so wir nu, gnediger her, alle von euch wissen,
20 daz ir nicht reichthum suchet in den weibern, sundern
gute sytten, keuscheit, frömkeit und erliche scham,
so ist es nicht glaublich, daz euch got nicht vorsorge
mit eym tugentlichen weibe, besundern so daz ist
seim und ewerm volke begirlich. die selbige Martia
25 die hatte auch alzo große lieb zu yrem toten manne,
daz sie yn alle tage beweinet und sich übel gehed.
do wart sie gefraget, wen doch queme der letzte tag
yres weins, von ander frumen frawen, do sprach sie:
,der jungeste meynes lebens.' Anniam reisten ire
30 freund, daz sie ein andern man neme. ,du pist,' sprachen
sie, ,nach jung und hast ein schön antlicz.' do sprach
sie: ,ich thuß mit nichten nicht, wen fünde ich alzo
ein guten man alzo ich vor hab gehat, so wil ich
nicht fürchten, daz ich yn leicht schir vorliese, würde
35 mir aber ein bößer, waz get mich den nod an, daz
ich noch eyn gutem schol eym poßhaftigen undertenig sein.' Valeria, die swester Messalorum, da ir

---

28 weins = weinens   29 Anniaz

23

Servius ab ging, do wolde sie kein andern nemen,
und do man sie fragte, worumb sie daz tete, do
sprach sie: ‚mein Servius der lebt allezeit in meim
herzen.‘

    * **D**az VI capitel beslůst dez hern und dez meisters * 396
disputirn, und sie tragen zu samen daz daz in den 6
worten is daz nůtzte erfunden.

    ‚Nu, wirdiger und edler her, ist es not, so wir
haben zu sammen getragen gut und pôß, daz wir
auch erkennen, waz daz nůtzte und daz peste in 10
ewer person sey und der gemein notdorft. welt euch
selber daz peste, doch alzo, daz ir nicht ewir eynet
schůllet hôer achte denn daz, das eyn groß volg vor
daz peste held.‘ fortmer sprach der fůrst: ‚meister
Marce, welle wir undir uns die sache nicht weiter 15
treiben, darumb daz auß meyner bewegung und deiner
antwort ist geoffenbart daz daz Paulus spricht, wer
seim rate volge wil, der bleib allein, doch nympt er
eyn weyp, so thud ers ane sunde. die selben můßen
sich aber aneynander leiden, wen sie haben betrubniß 20
dez fleisch die weil sie leben. nu sage mir bey deim
glauben, den ich zu dir habe, waz důnket dich, daz
uns zu thun sey, waz ratz gibs du mir?‘ ‚wert ir,‘
sprach meister Marcus, ‚her, eyn eygener man und
ewer allein, alzo ich euch kenne und die se(118ᵇ) 25
likeit der keuschlichen sterke ewers leibes und rein-
keit, so rid ich in allen trewin, daz ir schôlt sey
behalten und dar ynne beharren, wen in der e ist
der mensch alzo vorgeben, das der man, alzo Paulus
spricht, nicht hat seins leibes macht, sundern die fraw, 30
und daz weib hat yres leibes nicht macht, sundern
der man. aber as sich ewer eynet hat kegen der
gemein, so rad ich mit guter gewißen, das ir gehorsam
seit der gemein, so die ding nicht anders můgen sich
gehaben.‘ ‚Marce,‘ sprach der fůrst, ‚so vorste, was 35
ich unvorprůchlich vor mich gesaczt hab, und schal
kein mensch wende. geh zu dem volg, daz dich zu

5—7 *rot.*   17 *1. Cor. c. 7.*   29 *1. Cor. 7, 4.*

uns had gesant, und besundern zu mein swestern und
leg yn fůr daz letzte urteil meins vorsatz. weln sey
dan gnemlich auf nemen die fraw, die ich außerwel
noch meim rad allein an ir aller wißen, sie sey wer
5 sie sey, in eyne fůrsten dez landes, daz unserm
* 397 * fůrstetum undertenig ist, so wil ich yren willen
volpringen. gevelten aber daz nicht, so wist daz,
itlicher besundern und alle, daz ich ůber al kein
weip nicht wil zu mir laßen. ich weiß, daz Salomon
10 alzo spricht: ein gute fraw ist ein gute gabe von
gote, und zuhand do pey: wen got lieb had, der ent-
rinnet ir: daz ist die pôß fraw. und so beweget mich
auch ser unser peyder disputirn, und in des wil ich
mich gentzlich und mit grosem ernst enpfelen unserm
15 lieben hern Jhesu Cristo von allen kreften meyner
vornunft alzo, ist es sein wille, daz der wille des
volks vor schal gen, daz er mir ein weip schig, pey
der ich mag selig werde.'
    Alzo meister Marcus hatt vorstanden des hern un-
20 wendlich urteil, do wart er fro und dancke(t) seynen
gnaden, und mit urlaub quam er zu den, die in
gesant hatten. und zu dem ersten nam er yn den
willen und gunst seiner swestern. darnach legt ers
fur nu den rethen, nu der gemein, nu dem ader dem
25 purger ader edel man, nu hemlich, nu offenberlich
saget er den willen des fůrsten, mit sůlchem under-
scheit weres, daz sie wôlten zu eyner frawen nem
wer die wer, die seynen augen gevil, sie wer
wo den sie wer, von welchen geslecht ader volke
30 adir zungen, sie wer edel von gepurt ader unedel,
hoe adir nider, das scholt an ym sten und nymand
scholt ym dor ein rede. mit kurzen wor(119ᵃ)ten
sie gaben alle yren willen dorzu und gunst, wen sie
westen wol, das er got ser furcht und daz kein vor-
35 sichtiger noch weyser nicht wer undir yn allen.
darumb so ted er nicht daz do beswerte das volk
in der gemein ader irn itlichen besundern. alzo

9 *Eccli* 26, 17.   11 *Eccles.* 7, 27.

meister Marcus wyder zu dem hern quam und saget
im den eintrechtlichen willen und gunst alles volkes,
und wie sie ym wunschten alles glůg, gut und heil,
do satzte er do zu, daz sie alle begerten von seynen
tuguntlichen gnaden, daz er yn den tag seczte, wenn 5
er die hochzeit wolte wirdigen. do * der marggraff * 398
sach, daz er seîn gelôbde mûst halten: ‚in eym
manden,‘ sprach er, ‚schult ir sehon mein praut und
weip. ‚ge,‘ sprach er aber zu Marco, ‚in dein hauß
und in der zeit frag nymand, waz mein gewerb sey, 10
und wenn die zeit auß ist, so wil ich euch alle laß
laden zu der hochzeit.‘ alzo meister Marcus von dem
fûrsten quam, zuhand mûsten vor den hern kumen
goltsmyde und ander behende leute, die in der zeit
pereitten daz, daz sich zimet der fûrstlichen art und 15
ampt: faßungen und furspan, kethen und gûrtel,
fingerlein und kreutz und auß der maße schôn ge-
want zu kleidern, nu von seyden, nu gulden tůchern
und von anderm mancherley, alz daz mûß sein in
sûlchen hoen dingen.   20

Daz VII capitel saget von der meid, und lert,
daz in weybern syten und nicht gut vor schal man
suchen.

Es saß hinder der pûrge des fûrsten, da er ge-
meinlich wonhaft waz, ein armer wytwer und der 25
hatte enwenig scheflein der er sich nerte, und er nam
von yn eßen und klaider. und der schaff warte seyne
tochter, ein jungfraw unglaublicher schônde und guter
geperd und alzo groser schame, daz sie auß yren
heuslein auff der gaße nye waz gesehen worden. die 30
sach der marggraf auß dem fenster seynes pallatz
zu den zeiten, wenn sie mit den schafen umb ging,
und vorswigen hatte er lange zeit achtung gehabt
auf den vatter und die tochter, und er hatte daz ge-
wislich yczund enpfunden, daz sie eyn leben an ir 35
fûrte ubir die gewonheit ander leute, und wen er
sie sach, so meint er, er seh ein engel. eyns tages

17 krentz   21—23 *rot.*

furt er sein sneyder an daz venster, daz er die jung-
frawe (119ᵇ) sach, und sprach zu ym: ,sehestu daz
leiblein der armen tochter die do unten get?' ,ich
seh sey,' sprach er. ,nach dem leib,' sprach der fůrst,
5 ,in aller form bereid alle die kleyder, dye meiner zu-
kunftigen praut schůllen und daz sie volbracht sein
in der zeit die ich dem volk gelobt habe.' es ge-
* 399 schach alz der her gepot. * in dez namen die tage
ab und quam der tag dez abendz dez gesatzten tages,
10 an dem die hochzeit scholde geschen. und do worden
bekummert seine swestern und meister Marcus und
alles gesinde von der hochzeit wegen, wenn sie wůsten
alle wol, daz kein potschaft waz nicht gethan keim
hern nach in kein land, daz man môchte gespôren,
15 daz do dennen die praut quem. darumb viln sie alle
in groß wunder und santen potschaft an yn, die yn
fragten: ,durchlůchtigester gnediger her, wie stetz
umb ewir und unser sache, do wir alle stetig an der
pet umb euch sein gewesen? und wir begern nach
20 alle mit großer hitziger demud, daz ir haldet daz daz
ewer gnade uns hat gelobt. hab wir nicht vor ge-
sprochen und gefůrcht dorumb wir noch sorgveldig
sein?' alzo der marggraf sach daz sie alzo mit ernst
mit ym retten, do antworte er yn mit den ader andern
25 worten: ,o lieben frůnd und průder, had ewir keynr
auß mein munde ye gehord ein lugenhaftig word,
oder hab ich ewern kein ye ubergeben mit hinderlist,
der (k)er an mich straffung vor euch allen, so wil
ichz widerrufen und veyrfach wyder kern.' do sie
30 all antworten: ,nye', do sprach er: ,habe ich, dez
ir gezeugen seyt, ewerm keim nye gelogen, so wil
ich ytzunt nicht an heb zu ligen der gemein.' mit
der antwort wolt er auß yn zyhen, der frome her,
yr gezeugniz mit warheit, daz allen den nod ist, die
35 an der gemeynen schicken, daz von dem hinderlistigen

28 *am Rande zu* straffůg: (k)er mich, *doch hätte das rote
Verweisungszeichen besser bei* an *gestanden.* 29 *von anderer
Hand ist über* veyrfach: vierfach *geschrieben.* 35 schicken
'so einrichten'.

und veinde icht werde gehort: bistu eyn artzt, so
heil dich selber. ‚ich lige euch nicht, so wil ich
euch auch nicht betrige, sunder ged,‘ sprach er, ‚und
heist kumen zu meyner hochzeit alle die in der stad
sein und umb und umb die nachbaur, edel und un-   5
edel, reich und arm, alt und jung, frawen und jung-
frawen, und gepit yn, daz sie morn vor vesperzeit
alle kegenwertig sein, und ir schůllet besundern
kumen, daz ir meine prawt fůrt in meyn hauß mit
zimlicher (120ᵃ) wirdikeit und eren. darnach, ist es 10
gotes wille, so well wir schimpflich tage haben, as
sich das gepůrt zu dießen zeiten.‘ den er daz alzo
enpfal, der fůrst, die volbrachten sein gepot mit
großen fröyden, und ir itlicher wunderte sich * be-   * 400
sundern, waz der her vorhanden hette, daz alzo gar 15
hemlich wer und bedackt. auch bereit man zu der
zeit die notdorft zu der hochzeit. do worden geslagen
ochzen und kůe, hirße und hynden, genzen und haßen,
hůnder und fysche ane zal. edler wein und prot wart
do fůr gelegt mit fogeln die über die achte woren. 20
der demůtige her lyß auch do nicht geprechen daz
in hochzeiten zimlich ist, alzo pfeifer und pasauner,
lauten, fydeln, harffen und portatifen, alzo daz alle
traurikeit wörde in den tagen vortriben.

Daz VIII capitel saget, wie die juncfraw wart 25
gepeten, und von yrer und yres vater antwort, und
waz der her an yr wolt haben.

Alzo die zeit quam, die der her dem volke hatte
gesaczt, do woren alle kegenwertig, die do woren ge-
laden, und stunden vor dez hern půrge und peyten 30
seyner zukunpft. zuhand ging er crauß, schón anlegt,
mit seyner ritterschaft und hofgesinde, und ir keinre
wöste doch sein willen und vorsacz. und as er sie
hatte grůst, do sprach er alzo zu yn: ‚o, meyn lieb
volck und allerliebesten průder, die zeit ist kumen, 35
der ir lange habt geharrt. nu ged mir alle nach mit
großem stilniß, und ger von euch, daz ewir keiner

1 f. *Luc.* 4, 23.   25—27 *rot.*

in dyrre zeit anders thu, den waz ich heiß, und pit
indez gemeinlich in dem stilniß got, mir zu eym trost
und euch allen, und daz er meyn vorsacz schicke
noch dem wolgeval seins gotlichen willen ym und
5 uns zu ern. pherd last hinder euch, wen wir dorffen
ir nicht, dorumb daz die stad nah ist, do ich mir hab
eyn praut vorsehen, und wir weln alle zu fueß gen,
und wen ich euch ein zeichen gebe, so bleib eyn
itlicher an seyner stad mit grosem stilniß und aber,
10 wen euch gesaget wirt, das ir ewer kegenwert beweist,
so last euch stetiglichen hören und wünst uns den
mit geschrey in allen dingen daz pest.‘ daz ted der
* 401 fůrst darumb, daz * die jungfraw, zu der (120ᵇ) er
ging, woste von eußern eren nicht zu sagen. wo sie
15 denn hette ein sůlchen hern sehen kumen in yres
vaters haußlein as eyn kůnig mit großen geschrey
des volkes, so wer sie leicht vor erschrecken in
siechtum gevallen, besundern so ir vater und sie in
yr herzen alz groß ding, alzo zukůnftig woren, nicht
20 lazen steigen [sůlche gedanken]. und an der meid
wart erfüllet daz die gröste ůbir alle jungfrawen had
vor gesprochen, aber in eyner andern geschicht: got
had die mechtigen genydert und had erhöet die
demůtigen.
25 Alzo ging der marggrafe vor allem volk zu dem
tor auß und pey im ging eyn prister und sein sneyder
mit schönde dez gewandes. und ym ging nach auß-
dermaßen eyn groß volk, daz sich an underlaß merte
mit dem zuzoge fremdes volkes, und woren alle in
30 grosem wunder, waz doch ir her willen hette ader
wuhyn er ginge. wen si meinten nicht, daz eyn
wirdige tochter möchte funden werde nach umb die
stad nach yn dem ganzen fůrstethum. waz mer? er
quam och vor dez armen mannes hauß und gab do
35 eyn zeichen mit der hant dez stilniß und bestakte
außen die tůr in hud mit den prister und mit dem

---

11 stercklichen X.   19 kůnftig zu *mit Versetzungszeichen.*
20 s. gedanken *Glosse zu* alz groß ding?   22 *Luc.* 1, 52.

sneyder. und alz er an klopfte und ym die tur ward
geofnet, do zoch er daz türlein nach ym zu, gleich
ab er wer allein kumen. waz meinstu, daz hye daz
große volg dachte? sie dachten leicht, daz er gar
mit heimlichen yntrag hette in daz haußlein laßen 5
bringen eyn außdermaßen edle tochter und sie dor
ynne vorporgen und welde etwaß selczams beweisen
auß der gewonheit ander herren, daz doch auff peid
ört geschach, wen do waz vorborgen gar eyn edler
stein und selczam und teur, aber er waß nach nicht 10
polirt.

    Alzo yn der vater mit der tochter ansahen, do
erschraken sie peyde und zuhand vor scham floch
dye meid in ir kemmerlein und ließ den vater allein
mit dem fürsten. do sprach der alte zu * dem hern: * 402
‚aller durchleuchtigister her, waz ist daz sache, daz 16
ir alzo schön gekleidet und allein kumpt in mein
haußlein, daz unrein ist von den schafen und dem
gesmacke dez mistes? ist auch ewer eingang tugunt-
lich und erlich?‘ wen (121ᵃ) wy wol er hadte von 20
dem hern gehord große wirdikeit, doch vil er in
furchte dorumb daz er allein quam, und er mucht
leicht klegliche gedanken hab, alz sich daz zu hand
auff tud. do der her erkand sein furchte, do sach
er in an mit eym lüstigen und gnedigen antlitz und 25
sprach: ‚fürchte dich nicht, guter man, wenn auff
dießen tag schol deim hauß wirdikeit erpoten werd
darumb, daz der her wil in ym wone.‘ und er nam
den alten pey der hand und hyß yn zu im sitzen.
as das geschach und dem alten die kraft und die 30
gedanken wyder quamen, die ym zustrauwet woren
von furcht wegen der kegenwert dez fürsten, do
sprach der her zu ym: ‚guter man, ich wene, es sey
dir offenbar, daz ich allein pyn, und die gemein die
begert von mir, daz ich ein weip nem. was sprichstu 35
dar zu? schal ichß thu adir nicht? waz ist dein
rad? as nür der alte daz word horte, zuhand flußen

---

19 dez | des

ym die zeher ůbir die wangen, und er muchte sich
nicht lenger enthalten: alle daz derm in seim leib
daz ward beweget ůbir seyner tochter vorderbniz daz
er enpfing, und er wand sein hende und sprach: ‚o
5 mich under allen menschen den unselgesten! wer
had mir daz leben gegeben piß auff dießen tag! we
mir daz ich ye geporn ward! worumb ist mein muter
nicht mein grab geweßen? worumb had sie mich
erneret auß yren prusten, daz ich sůlch groß jamer
10 schal und muß sehen an meim kinde? ich habe,‘
sprach er, ‚her, von euch gehôrt vil tugund, die ir allem
ewerm volg beweißet, und wie welt ir euch an eyn
armen alten man alzo ser vorgeßen und got und die
* 403 gerechtikeit alzo zurůcke werff euch zu eym * pôsen
15 leumunt und in untugunt meinr tochter!‘ ‚nein,‘
sprach der marggraf, mein frůnd, die ding haben sich
nicht alzo, daz ich wil frevel begen an deiner tochter,
sundern ich byn dorumb zu dir kumen, daz ich sie
von dir wil mir pyten zu eym elichen weybe.‘ ‚wie
20 mag das gesein,‘ sprach der alte, ‚daz ir daz von
mir begert, eym armen petler, und alzo sein auch
gewest meyn eltern, und ir seit von gepurt eyn
fůrst? as wenig as sich můgen voreynen golt und
eyßen, as enwenig mag (121ᵇ) mir daz glaublich
25 werd, daz ich ewern worten getraw. darumb pit ich
ewer tugunt, her, und von euch ervarne frômikeit,
daz ich mein scheflein, ·daz ich gote und mir erzogen
hab und nere und hab gelart und anweiße von seyner
muter seligen· pyß in dieß zeit, daz ich daz vor euch
30 můge fort behalten an swechung, und daz nicht allein,
sundern last euch erparmen meines armutz und alters,
daz nicht had noch begert zu haben kein trost in
dießem leben, wen allen trost had mir got gegeben
in der vorsichtikeit meyner tochter. mit vorsorgen
35 is sie mein muter, von lieb mein kind, eyn nererin
meins lebens, dez dinstes mein meid. sie ist auch
mein vater von weysheit. thud ir mir dar uber.kein

---

26 erv. von euch fr.

gewalt, so fûrcht got der dez ist eyn recher, und er
daz sie kein gewalt von ymand leide, so pit ich
euch, daz ir mir vor daz leben nempt, daz ich nicht
darft ansehen, daz volkumen tugunt von unrecht und
gewalt schal dernyder lygen.' do antwort der marggraf 5
und sprach: ,o man, der seine kinder kan wol auß-
richten! von den zeiten alzo ich hab aufgenomen
die beschirmung meins fûr(s)tethumß, so byn ich dez
fleißig geweßen, daz schal got mein zeug sein, daz
ich meinen veinden unrecht zu keynen zeiten wolte 10
nye beweißen, wie môchte ich nu sûlcher untugund
stad geben, daz ich dir deyne tochter swechte! auch
wil ich nicht geprauchen dez urlaubß herlicher ge-
walt, do ich leicht in erlichen sachen môchte dir
deine tochter neme, mir zu eym weib, wen ez ir wille 15
wer. aber ich wils nicht thun * den mit gunst deines * 404
willen. darumb so pit ich mit demûd, ein mensch
den andern, daz du mir sie nicht vorsagest zu geben
in die geselleschaft der e.' do sprach der alte: ,ist
es alzo, her, alz ir gote zu eym gezeugen habt an- 20
geruffen, so vorseht mein alter mit eyner klein not-
dorft, so wil ich nicht allein sie geben gern ewir
klaren gepurt, sundern ich danke auch dem al-
mechtigen got mit innikeit, daz er von seinen gnaden
alzo große tugund und frômikeit, die ich weiß und 25
erfunden hab an meyner tochter, alzo hôlich wil vor-
lonen auch in dießem leben, und daz er erkand had
die wirdikeit seyner creatur. doch, her,' sprach er,
,ich wil ir rufen und wil auch hôr iren willen.
Do sie alzo stund in armud halb nacket vor dem 30
fûrsten, da warff er in sie sein augen, (122ᵃ) wen
vormals hatte er sie von verns gesehen, do er nicht
môchte gewißlich beschawen die schônde dez antlitz
und dez leibes. aber do er sie nu eygentlichen sach,
do vand sie sûlche gnade in seynen augen, daz er 35
kaum sweigende môchte gote seyner vorsichtikeit ge-
danken. do sprach der her zu ir: ,jungfraw, waz ist
dein name?' aber do sie ym kein antwort gab von
scham meidlicher zucht, ,Grysardis heist sie,' sprach

der vater. ‚wildu,‘ ia der alte, ‚gen mit dem hern
ader kennestun?‘ ‚ich kenne sein nicht,‘ sprach sie.
‚ich wil auch mit ym nicht gen.‘ ‚er ist,‘ sprach der
alte, ‚tochter, der fůrst dieser lande und sůcht dich
5 armen und dŏrftigen zu haben zu eim elichen weibe.‘
‚vater,‘ ia sie, ‚ich ger keins mannes und von der
begir hab ich eyn reyne sele, sundern du pist mein
man, vater und nerer, beschirmer und hůter meyner
sel und des leibes.‘ ‚begerstu nicht,‘ sprach der
10 vater, ‚lieb kind, daz du seist eyne hoe fraw auff der
erden?‘ ‚nein,‘ sprach sie, ‚die weil du lebist, und
alles daz dieße werld had, daz schetz ich vor nicht
kegen deyner lieb.‘

Hye hort und vornempt, alle geslecht und aller
* 405 menschen irdi*sche kinder, und lernt von Grysarde
16 ewern eltern an legen und beweisen ware lieb, wirdi-
keit und undertenikeit. seht an! eyn arme und un-
bekante tochter setzt den dinst, den sie yrem vater
mag gethun mit vil arbeit und gebrechen, vor her-
20 schaft und reichtum dieser werlt. o Adams kinder
und besundern du, Cham, deins vater vorspotter, und
die die dir nach volgen, wen welt ir lernen ewern
eltern gehorsam sein und sie voṅ liebe und trew dez
hertzen vorsorgen, besundern wen sie alt sein und
25 beswert?

Alzo der fůrst die antwort der meid hort, do vil er
in groß wunder alz ein weyßer man und sprach zu
dem alten: ‚ich pit dich,‘ lieber vater, ‚heiß deine
tochter, daz sie mir antworte alz yrem pruder‘ und
30 zuhand alz daz geheyßen wart, do sprach sie: ‚ich
wil gerne antworte noch meim vermŏgen.‘ ‚mein
Grysardis,‘ sprach der her, ‚worumb versmehestu zu
sein mein gemahel?‘ ‚do hab ich,‘ ia sie, ‚ein ge-
mahel mein vater, und seyner lieb mag ich nicht
35 vorgesetzen keins menschen lieb, alzo fůrcht ich got.‘
do er die antwort hort, der her, do wuchß auch in
ym die lieb und er sprach zu ir: ‚alzo hor (122ª)

---

1. 6. 33 ia == jach   18 setzt, *s. unten die Lesa.*   36 wuschß

ich, Grysardis, daz du got fûrchtes.' ,ich fûrchte yn,'
sprach sie, ,und hab yn lieb, wen alzo had mich
meyn vater gelart und lert alle tage.'

Worumb, ir vorseumlichen veter zu diesen zeiten,
lert ir nicht ewir kinder zu dynen und zu wirdigen   5
got in seinen heyligen gepoten und weist sie zu lern
gute syten und die furcht gotes? aber waz ader wie
lerstu dein kinder, wen du selber ungeschickt pist
und weiß(t) von gote leicht nicht zu sagen! o ir
Pylaten, ich sprich nicht prelaten dez cristenvolkes, 10
worumb sucht ir nicht der seln selikeit, die euch
Christus enpfoln had, die er had mit sein pluet ge-
kauft, mit den worten der predige und mit be*weißung * 406
der werg? aber daz wir vil ûbil leben, darumb stetz
in allen cristenlanden ûbil, wen in dießen posen 15
zeiten sûchen sie nicht mer den daz yn nûtz ist, und
laßen die schaffereie gotis den wolfen zu der speiß.
behûd sie, her, selber! die hyrten sein wolfe.

Do sprach der marggraff zu Grysarden: ,tochter,
fûrchz du got, und got had gepoten gehorsam den 20
kindern zu yren eltern, so mustu von not deim vater
gehorsam sein.' ,auff diße zeit,' sprach sie, ,hab ich
von den gnaden gotes mein vater noch in großem
noch in kleinem nye erzôrnet, dez schal er meyn
gezeug sein.' do der alte waz alzo frôlicher worden, 25
do antwort er ir und sprach: ,ich pyn, kind, deiner
wort eyn gezeug. darumb so du mir alzeit pist ge-
horsam gewesen, so pit ich dich, daz du ytzunt auch
mein willen volpringest.' ,alles daz du wilt, vater,'
ja sie, ,und heist, daz wil ich erfûlle, und waz dich 30
daz pest dûnckt, daz gepeut mir.' da lachet sie der
alt an mit vetterlicher sûzikeit und sprach: ,mein
kind, ich pit dich, daz du eyns starken mutes seist,
und laß dich nicht bekûmmer ûbirmacht der neuwen
dinge, die unvorsehenlich sein kumen, so der edel 35
unser her und fûrst aller dießer lande, dem wol
wûrden kuniges kinder gegeben zu der e, had dich

6 vnd | vnd *an erster Stelle rot ausgestrichen.*

3

armen außerwelt zu eyner praut, und ich hab ym
in dich gegeben mein willen und gunst, so pit ich
* 407 dich, daz es auch dein wille sey und gunst.' * do
hub sie an zu weynen er von trawrikeit wegen den
5 von fröyden, as sich das ernach offenbaret, und
sprach: ,vater, dein wille ist mein wille, aber ich
werd von dir geschei(123ᵃ)den, und wolde der wirdige
her von sein gnaden ablaße und vorsch ym von ge-
purt eyn edle jungfraw, die ym gleich wer, so ist
10 nach mir deyn vetterliche sorgveldikeit ůbir mich
und meyn keuscheit lieber den alle fröyd, trost, ere
und reichtum dießer werld. darumb, lieber vater,
ich hab lange zeit geswigen und dein ler in mir be-
halten, aber du schalt mirs ytzund vorgeben, daz ich
15 red mein not und daz ich daz nůtzte erkenne, und
ich pit euch, gnediger her, daz ir ewer meid wort
in demud vornemet.' ,red,' sprach der fůrst. und sie
jach: ,ich beger und pit ewer hoe gepurt, daz ir
ewern gleichen sůcht und last mich in meinen armut
20 mit meim vater mein leben zu pringen, daz zimet
und sted euch wol an und ist erlich, alz auch mir
daz zimt und erlich ist, daz ich in meiner dörftikeit
und demud bleip.' ,nein,' sprach der marggraff, ,mein
nu allerliebstu praut, nicht alzo du wilt, sundern
25 kum nu her zu mir und gib mir deyne hand.' alzo
stund der alte auff und nam die hand seiner tochter
und gab sie dem hern.
Do hieß der fůrst die thur auff thun und ließ
allein eneyn den prister, meister Marcum und den
30 sneyder, und er sprach do zu Grisarden: ,sich, mein
liebe tochter, ich gebe mein willen doryn, daz du
in der e schalt meynes leibes gewaldig sein. nue
frag ich dich in kegenwerd dez pristers, deins vaters
und der andern, ab es auch dein wille sey.' ,her,'
35 sprach sie, ,es ist mein wille, so es meins vater gunst
und wille ist.' zuhand warff der (furst) die word dor
* 408 auff: ,Grisardis, alzo * du nu mir vortrawet pist, alzo

23 bleit

ger ich nicht mer von dir den daz du mir ytzunt
gelobist, daz dein wille meim willen zu keynen
zeithen wyder sey.' ,gnediger und aller liebester her,'
sprach sie, ,ich wil daz gern geloben und halten,
und auch úbir daz so mir mein vater wirt genomen,   5
so getrew ich ewrer vorsichtikeit, daz ir mich nymand
enpfeld noch den gnaden gotes den daz ir selber seit
mein hûter, pfleger und in allen sachen meins lebens
schicker nach angeporner ewir frômkeit und tugunt.'
zuhand zog man ir auß den zurißen rog und das 10
henfen hemde, unde wart do umb geben (mit) seyden
und gulden kleidern, mit perlein, spangen und gestein
durchwirket. und sie stund vor yrem preutium durch-
gûßen mit leiplicher weisser und roter varwe, mit
plitzenden und doch tauben(123ᵇ)augen, alzo von 15
dem hymel ein engel.

Daz IX capitel saget von beweisung der praut,
und waz sie ir vater larte, und von der hochzeit
Grysarden.

Dornach gingen auß dem heußlein der priester 20
und meister Marcus und riefen mit großen frôyden
in daz volck, daz sie sich ließen hôre, wen zuhant
wôrden sie sehen den hochgepornen fûrsten mit seiner
wunderlichen praut, und sie schôldin ym alle enkegen
schreyen mit wünschen daz allerpeste. zuhand wart 25
do gehort der drummeten reyßen in eynikeit der
pfeiffer und ander spilleut mancherley hofrecht, as
daz alles bestalt waz, und sûlch groß geschrey und
wolgemûtikeit erhub sich do, daz sich die erde mit
dem volck môcht [sich] gefrewit habe.   30

Alz die stymmen do gehord worden in dem heus-
lein, do sprach der fûrst: ,Gry*sardis, die freud und * 409
hûbscheit, die ytzund sich do außen anhebt, die ge-
schiet deyner wirdikeit zu eren. darumb gang nu
auß dem haus deines vaters in daz pallatz unsers 35
fûrstethumß, ge fort! got geb dir alles glug und
biß nu eyn furstein!' do vil sie auff dez vaters halß

17—19 *rot.*

mit yren armen und danckte seyner vetterlichen sorg-
veldikeit und fleiß, die er ir hette peweist alle ire
tag, wen sie woste wol, daz er waz eyn gerechter,
heiliger und getrewer man. und in den frŭntlichen
5 zeichen, die sie an ym beweiste, vormischte sie
auch petliche wort und sprach: ,pit,‘ vater, got vor
mich an underlaß, daz er mir pey ste, daz ich mit
dießer zeitlichen erhŏung aller tugunt perg mŭß auff
steigen.

10   Alzo do daz heuslein ytzung vol waz vom gedrang
des volkes, do sprach der alte zu seyner tochter die
letzten word vor yn allen: ,o lieb kint und auß
meyner tochter fraw mein worden, gedenke wie du
erzogen pist in meinen henden in dŏrftikeit und
15 großem armud und laß daz auß deim syn nŭmmer
vallen zu beheltniß der demud. hoffart und zorn:
daz sein besundern untugende der frawen. die laß
in dich zu keinen zeyten steigen. hab dein hern
und man lieb mit furchte und biß im mit willen der
20 sel in allen dingen undertenig. byß ein vorsichtige
muter dez gesindes, die dir enpfolen werden, und
unterrichte sey mit grosser sytikeit, beweiße dich alz
eyn pflegerin wytwen und weysen, biz ein trŏsterin
der dŏrftigen, ein erlŏzerin der gevangen und die
25 mit unrecht gedruckt werden, und mit gan(124ᵃ)zer
macht, as vil alz an dir leit, so kum zu hŭlfe den
die den tod haben vordient. dich selber in allen
werken alzo beweiß, daz dich nymand strafe, almosen
gib armen leuten noch deim vermŭgen und dein hand
30 ker von keynem armen. bistu gnedig armen leuten,
so ist dir got alle zeit gnedig. darumb hastu vil, so
gib vil. hastu aber enwynczg, stoß es nicht in den
vorbunden sag, sundern daz, daz du hast, in großer
* 410 demud teyle mit den dŏrftigen. * allen leuten, nach
35 dem alz es eynr frawen zimlich ist, biß in deinen
worten sŭß und leidlich und bewar daz vor allen
dingen, daz du kein menschen vorsmest. mit keim

---

19 furchte] fürsihtikeit X.

menschen red heimlich an dein man an gezeugniß
vil leute, und alles das eynr frawen mag ûbil sten,
das schaltu auß slahen. merke und vergiß nicht der
kurzen word, die ich dir ytzunt sage und schreib sie
in dein hertze mit dem, daz ich dich vor underweist   5
hab, und ließ in dem puch deins gedechtz alle tage,
dorumb daz du mir alzu snel und unvorsens wirds
auß den henden gezogen, und tud mir kummer und
macht mich sorgveldig, das ich nicht lenger zeit
habe dich zu leren daz daz nu deinen stad an ge-   10
pûrt. seh,' sprach er, ,die kleyder deyner demud,
die du hast gehabt undir meim peßem, und laß die
legen an ein stad, daz du sie alle tage an sehest, so
sein sie dir eyn vormanung der demud und zeumen
dich vor alle(r) hoffart.'   15
   Alzo der vater seynr tochter hatte nu ende geben
seyner manung, so danckte der fûrst dem alten und
ließ ym geben zu her(n)gab alzo daz eim fûrsten
zimet, und hieß in kumen zu seyner hochzeit. alzo
nam er seine Grysarden und furte sie enauß under   20
die gemein alles volkes. waz môchte daz meidlein
do denke, daz sûlcher erwirdikeit nye mer gesehen
hatte, und sie woste von prangerey nicht zu sagen!
großer demud ist die hystorie dem leser ein ursach,
bedenckt er sey mit erns(t)licher ynnikeit.   25
   Alzo nu Grysardis zwûschen den swestern stund
des marggrafen und ander edlen frawen, den sie
enpfolen wart, * daz sie sie fûrten nach fûrstlicher   * 411
wirdikeit, do wart eyn sûlch gedrang die junckfraw
zu sehen, daz man kaum môcht (124ᵇ) fort kumen.   30
so waz auch eyn sûlch groß wundern in allen ge-
danken von schônde dez leybes, antlitz und der
syten, daz eyns zu dem andern sprach: ,wie hab wir
die meid pey uns nicht gewost und wie môchte sie
doch vor uns allen sich vorberge!' alzo wart sie   35
mit großen froyden in daz pallatz gefurt und die
erde môchte sich gefrewit hab von den frôyden des

volkes. do wart den zu den malen eyn itlicher auß
gericht noch seinre wirdikeit, alz daz vorsehen waz
von den pflegern des hern und schaffern. alzo die
hochzeit angehaben wart, do was die muter Jhesu
5 auch do. Jhesus der wart auch do hyn geladen und
sein jůngern an zweifel von dem prewtium und der
praut in großer innikeit der herzen mit enpfelung
aller der dinger, die sie zu schaffen hetten mit den
leyb und der sele. es ist nicht glaublich, do alzo
10 die zwu jungfran von reinikeit dez leibes worden
zusamen gefůget den das sie mit großer schame gote
und seyner muter gentzlichen enpfiln ir geschefte
und baten yn, daz gesunde und wirdige kinder auß
in quem zu eym gedechtniß der eltern und zu eren
15 seynen gnaden und dem volk zu eym troste. do die
hochzeit alzo volpracht wart, do zoch ein itlicher,
der do geladen waz, in daz sein und wůnschten dem
hern heil und glůg und seim weib zu beheltniß der
herschaft und des landes ere.
20 **D**az X capitel saget von den tugunden Grysardis,
der sie alzo vol was, daz ir nymand vorgunste der
herschaft.
* 412 * Grysardis dornach quam von tage zu tage in
grőßer bekentlichkeit des volkes und die gnade gotes
25 stund ir alzo pey, daz sie nicht allein gewaldig waz
dez hern durch ir tugundlich leben, sundern sie hild
sich alzo demůtiglich, inniglich und gnediglich zu
arm und reich, edel und unedel, die vor sie quamen,
daz kein mensch waz in dem fůrstetum, daz ir nicht
30 gonste der ern und wirdikeit der herschaft, und as ich
von ir gehort habe, so waz sie in yren worten gnedig
und lieblich am antlitz, beheglich und frůntholt,
und alles daz sie ted, daz stund ir wol an und zůcht-
lich. wen ir hercz hatte mit Susannen großen ge-
35 trewen in got und wart auch erkand in yren werken

---

12 enpfiln *statt* enpfuln, enpfaln   15 seynen gnaden
am Rande nachgetragen.   17 in daz sein] wider heim X.
20—22 *rot.*

eynvalt mit vorsichtikeit, demud und (125ª) getreukeit.
zam waß sie und stete, innig gote und yrem man,
und daz wart alzo offenbar allen leuten, daz wer
nur yren nomen horte, der wart erfrewt von der
stym. man saget auch von ir, daz sie alzo geduldig, 5
leidlich und gehorsam waz irem hern, alz daz offen-
bar wirt in den dingen, die ernach kumen, daz eyn
sprichwort von yren tugenden auß quam in den landen
und ist nach under den frawen do selbens, wen wo
ein fraw in den landen, do vor zeiten Grysardis ist 10
gewest, yrem man ist wyderspanig, hoffertig ader
zornig, so sprechen die andern weiber zu ir: ,o du
pist nicht Grysardis.'

Darnach in kurzen zeiten holte got von ir die
schande der e und gab ir auß yrem hern eyne tochter 15
und zwen sůn. ab sie ander kinder mer brach(t) had,
das hab ich nicht vornomen, ader sie sein leicht jung
gestorben, daz sie nicht sôlden durch die vordinst
der eltern sehen die ůbel, die auff der erden geschen,
und sein in daz paradeis genomen durch die macht 20
der sacramenten der heyligen cristenheit. in den
dreyen die oben genand sein, wirt die hystorie hye
in dem půchlein geendet.

* Nu pit ich eyn itlichen der dieß puch lesende * 413
ist und besundern frome eleut und auch kloster- 25
menschen die under gehorsam sein, daz sie mit gůti-
keit hôren die vorsichtikeit und scharfe vorsuchung
dez fůrsten und sterke ůbir weibische art und stetige
demud Grysardis auff daz, ob es auch eim andern
wyderfůr, dez gleichen das er wôrd vorsucht von 30
seim egemahel ader von eyme geistlichen vater, daz
du seine sporn der vorsichtikeit in großer demud
scholt tragen, und lern daz von Grysarden, daz du
mit ir die volkumenheit der gedult macht besitzen,
wen sie hatte gelernt von sante Paul, daz sie alzeit 35
sprach in allen zuvallen (zu) yrem hern und man:

---

9 der fr.   15 schande = schamede   35 s̄te *Apostel-*
geschichte 9, 6   36 spracht

,waß welt ir daz ich schol thun?' und sie wolde
nicht hôr mit dem plynten in dem ewangelio, zu dem
der her sprach: waz wildu daz ich dir schol thu,
und daz es liechter werde waz ich mein: itzunt zu
5 unsern zeiten sehen wir, daz gehorsam alzo teur ist
under den eleuten und in den klôstern, daz der man
muß oft zu seim weib sprechen (125ᵇ), wil er frid
in dem hauß haben: ,waz du wild daz wil ich thu,'
und selten spricht die fraw: ,man, waz wildu daz
10 ich schol thu?' waz sprech wir hyr zu, wir dôrftigen,
daz Grisardis ist tod und alle tugunde sein mit ir
begraben worden?

Das XI capitel. Wie der her die fraw vorsuchte
in sweren sachen und wie sie alle vorsuchung tugent-
15 lich ûbirwand mit stetikeit der liebe.

Alzo nu Grysardis und dez fûrsten kinder der
narung von der muter gemangel môchten, die Grysardis
mit yren prûsten selber nerte, und sie wolte ir kinder
keyner ammen narung getrew, dorumb daz sie wol
20 weste, daz die narung der kinder leibe wandel in
* 414 der com*plexien durch der zartlichkeit willen, und
wen den die angeporne complexien wirt vorwandelt,
so schicken sich den der kinder syten noch der
narung, die sie von pôßen unde sûndigen weiben haben
25 genomen, und werden den noch der fremden muter
syten geschicket in der natûrlichen zuneigung, und
auß wolgepornen kindern werden alzo rûffian, do
man hern hatte gehoffet.

Do alzo der marggraf sach, (daz) sein weip nicht
30 allein tugentlich waz, sundern daz sie auch den perg
der tugund ynne hatte, do dachte er mit großer vor-
sicht, wie er sie in herten und sweren sachen vor-
sûchte, andern frawen zu eyner ewigen ler und exempel
aller frûmkeit. es geschach, daz sie eyns nachtes
35 pey einander lagen, und do er enpfand daz sie
wachte, do hub er an zu sûpfzen und beweiste große
angest mit dem leib. er warff sich von eynr seiten

3 *Marc.* 10, 51.   13—15 *rot.*   20 wandeln

auff die ander und sein arme warff er hyn und her,
alzo daz Grysardis auß unrug dez leibes großen
kummer der sel schôlde vorsten, doch tetz der weyß
fûrst alzo vorpurgen allen leuten mit sûlcher vor-
sichtikeit, daz eyn itlicher, der die ding recht merket,　5
der vind nicht eyn lûgenhaftig zeichen dor ynne. ez
waz auch nicht zimlich, daz alzo eyn getreur und
fromer her schôlt mit lûgen umb gen, sundern zeichen-
lich wolde er in den werken beweiße eyn stete fraw,
die von grunde yres herzen yren man lieb hette und 10
ym nicht wyder wer in allen dingen. alzo tet unser
lieber her nach seyner heyligen auferstehung, do er
an lûgen erschein Magdalenen in eyns gert(126ᵃ)ners
pild und zwen jungern underwegen in eyner andern
gestalt. * under den geperden môchte der fûrst die　* 415
ader ander wort mit ym stillich reden: worumb hastu 16
das nicht vor bedacht? so daz nu muß sein, wer es
nicht pesser, daz du daz liecht der sunnen nye hetzt
gesehen? und getz nu fûr sich, so wirtz eyn sache
sûlcher betrûbniß, daz alle die ûbel, die ich ye ge- 20
lyden hab, die mûgen sich dem ûbil nicht gleichen.
alz daz Grysardis ytzunt mit worten vorstund, waz
der kumer dez leybz were, den sie vor nye mer von
ym gesehen hatt, do vil sie ich weiß nicht in waz
gedanken und leid umb yres herzen liebsten und gab 25
ein zeichen, daz sie wachte und hette vornomen alles
daz er beweist hette und sprach zu dem hern: ‚o
mein her, von den tagen daz euwer angeporn gnad
daz gut daucht, daz sie mein demud had erkant und
in yre geselleschaft genomen, so hab ich ewers 30
herzen kummer und sorg alzo groß nye mer gesehen.
auch ab ir icht gelyden habt, so habt irs doch in
ewr meid kegenwert allezeit vorporgen und seit, wen
ichß sach, alzeit gewesen frôlich und schimpflich.
aber waz daz ytzunt bedeutet, ist es ewerm willen 35
nicht wyder, so pit ich, daz ir mir daz zu vorsten

---

13 enschein *Joh.* 20, 15.　　14 *Marc.* 16, 12.　　32 bekum-
mernüss gel. X.

gebt, daz ich sie eyn tregerin mit euch dez betrůbniß,
alz ich pin geweßen aller frŏyden, und ist es můglich
eyn benemerein.' ‚Grysardis,' sprach er, ‚die bůrd
deß jamers ist dir untreglich und du pist ir zu krang.
5 du pist eyn fraw und in herten sachen unvorsucht,
und mich dunckt, das du ůbir deine macht gest.'
‚her,' sprach sie, ‚alles daz euch beswert, daz ist
nicht ůbir mein macht zu tragen syder der zeit daz
* 416 ir mich had gnediglich an gesehen. * dorumb alles
10 daz euch drůgt, mag es gesein, so legtz auff mich,
wen ich pin bereid mit euch zu gen piß in den tod
ader gevengniß.' ‚o,' sprach er, ‚mein aller liebstes
weip, große lieb, die du zu mir hast, die twinget
dich daz zu reden, aber sie betreugt dich, is daz ich
15 dir sage aller dinger daz yemerlichste.' alzo wuchß
die lieb in yr und sie antworte do mit heißen zeren:
‚o,' ja sie, ‚ir ganzes meynr prust, ich weiß nicht
waz ander weiber vermůgen, aber ich weiß wol waß
Grysardis mag ertrage. erpar(126ᵇ)met euch ůbir
20 mich und schiebtz nicht auff, wen das hertz ist in
mir erwarmet und ewer bedack(t)en wunden beswern
mich mer den leicht daz gescheft an ym selber ist,
wie hert und groß es auch sey.' ‚du ůbirwindest
mich, Grysardis,' sprach er, ‚daz ich dir daz offenbar
25 daz pesser wer geswigen. nu sich, woryn ich must
mein willen gebe und gunst. es ist eyn rad daz
ůbirkumen, daz unser kinder zu wyntzg haben an
dem adel der herschaft und alzo můgen sie nicht
besitzen yres vaters erb, und erschrig sein nicht,
30 wen du meinst, du machst swere ding ertrage. er
der tag anpricht, so můß wirs peyd ansehen, daz
unser kinder werden enweg getragen von den, die
dor zu geschigt seint, und sie thun mit yn waz sie
geheisen sein durch die macht der dieß yn haben
35 enpfolen,' wen der fůrst hatte vorborgen eyn fremde
gesinde gewopent, die Grysardis nicht vor gesehen
hatte. als er den eyn zeichen geben hatte, do klopften

---

17 *s. die Anm.*   26 eyn rad '*meine Räte sind übereingekommen*'.

sie an daz tor unde hießen yn geweldiglich geben die
drey kinder dez hern noch dem alz daz erkant wer.
mit den leuten hatte er bestalt, daz sie die kinder
scholden fůrn in eyn ander land, do gar eyn edle
fraw ir schůld * warten und sie leren hôfliche syten   * 417
hemlich, biß daz ir potschaft von dem hern quem.   6
alzo der camerer alzo dem hern saget, daz eyn fremd
gesinde vor der vesten wer und sprechen freidiglich,
daz er sein gelôbde schôlde halten noch dem auß-
gesprochen ůrteil: ‚mag es,' sprach er, ‚nicht anders 10
gesein, so thu ich waz ir wille ist, wen dez rates
urteil in der sache schol ich nicht straffe.'   alzo
worden die kinder den geantwort und sie zugen do
hyn, daz nymand môchte erfar, wo die kinder wern
hyn kumen, und wie wol daz Grysardis sach, doch 15
sweig sie stille und wuste ůbir al nicht, waz man mit
yren pfanden anfinge.

Man saget daz noch der zeit do die starke fraw
ir kinder hatte verlorn, daz sie yrem hern waz alzo
in allen dingen beheglich, willig, schimpflich und 20
sůße in allen worten und werken alzo (sie) vor ye
gewest waz. alle zeit hatte sie in yrem gedechtniß
waz si irem hern gelobet hatte zu dem ersten, alzo
daz sie yn (127ᵃ) nye gefragte, wo die kinder wern
hyn kumen, noch von keym menschen fôrschet sie 25
yres hern gewerb. alzo in großen tugenden besloß
sie in yr daz mûterliche waz sie trug, daz sie
gleich eyn ander Hester ist gewesen auff der erden.
alzo der marggraff sach die sterke seinr Grysarden
und bedacht doch yr mûterliche smertz, die sie alzo 30
mit großer gedult ůbirwand, des weint er oft heimlich
gar ser. doch sweig er der sach, daz er sie ich(t)
mer beswerte, * und er ůbid sich und sie auff daz   * 418
hôst. er wuste wol, daz wen man tugund lobt in
eym tugentlichen menschen, so nympt sie zu. aber 35
in der sache, dorumb daz alle tugunde werden ge-
schicket von der gerechtikeit, hette er mit ir do von

6 dē

gered, so hette sie recht gehad, daz sie hett gefroget
mer von yren scheden. alzo wer den sein vorsacz
auß frag und antwort zu růg gegangen und nicht
kumen in daz end, dorumb er es hatte gethan durch
5 der frawen vorsichtikeit wegen. alzo stigen sie peyd
auff die spicz der tugund, und der sach wart zehen
jar geswigen, und lyden sich doch mit enander in
großer zucht und lieb. zůg ich hy erein zu lob der
frawen daz daz santus Ambrosius schreibet in dem
10 ersten puch von den ampten, so wůrd die hystorie
zu lang; den wer wil wißen wen, wo, zu welcher
zeit und waz er reden schol, der leses do selbens.
Daz XII capitel saget, wie der fůrst Grysardem
von ym auß dem pet treib und wie mit großen
15 tugenden sie daz auf nam, daz sie scholt wider zu
irem vater.
Czehen jar die flußen alzo dor von, alz die große
vorsuchung lichter waz worden, und ich weiß nicht,
mit welcher kunst er daz zu brachte, und ist es
20 zimlich zu sprechen, wie alzo ein tuguntlicher man
alzo hertiglichen wolte vorsuchen alzo ein frome und
lieb fraw, die unstreflich waz in allen yren sytten
und werken. und ich mein, daz sey die sache: got
unser her, der do ist aller herzen erforscher, der
25 spôrnt dye sein in mancherley weiße und schickt,
bereit und volpringet sie alzo durch ditz tôtliche
leben zu dem ewigen leben wie er wil, durch wen
er wil, auch daz der un(der)weilen nicht weiß durch
* 419 den her den * menschen bekůmmert. we dir Assur,
30 spricht (127ᵇ) der prophed Ysaias, du pist der brůgel
meines slaers. got drewit ym daz ewige we und
heist yn doch eyn zůcht(ig)ung dez volkes gotes.
aber daz welle got nicht, daz der wirdige fůrst sey
alzo gesant ůbir Grysarden. aber so nymand an
35 sůnde ist, wer weiß waz in yr zu strafen waz, daz

---

sie hőer zu neme in tugunden, und daz do klein
waz, daz gevil gote nicht wol in yr. alzo spricht
Salomon: lachen wirt mit smerzen vormischt und an
dem end der frőyden weind man gern. auch so got
seyner aller unschuldigesten muter und meid had mit   5
ym selber, der noch unschuldiger waz, nicht geschont,
besundern an dem tage seyns heiligen leydens, so
waz Grysarden auch nicht zu schonen. alzo noch
zehen jaren erdachte aber der marggraf ein fremd
spil in sůlcher weiß, alz er vor hat gethan, do er 10
die kinder vorsante. as beweiste er eyns nachtes,
do sie bey eynander rugten, vil grőßer zeichen
dez innern kumers und ted auch, as er sein synne
wolde vorliesßen, man quem den palt zu hůlfe. do
daz die schamige fraw hord, die kein arg kante, do 15
erschrag sie der unvorsehen großen sache und wart
außdermaß jamrig. ‚waz ist daz,‘ sprach sie, ‚aber
news und waz übels held euch, mein liebsten hern,
übir die vordinst ewer lieb und frőmkeit? wer sein
doch die alzo untugentlichen leut, die euch alzo ser 20
bekůmmern und geben arg vor tugund? nu tud ir
doch keim menschen nicht leyde! o mich aller weyber
die aller betrůbtste, es sey den daz ir alles ewr leid
auf mich legt! wist, her, daz mir we ist, und wold
got, daz ich vor euch scholt sterben!‘   25
    Alzo der fůrst die angst seinr Grysarden erkante,
do dachte er, wie er * sie mit snser hinderlist mőchte * 420
meßigen und sprach: ‚ich pin nicht, lieb Grisardis,
alzo tummer synne nach alzo argwenig, daz ich
zweivel an der großen lieb, die du zu mir hast. 30
darumb, wen ich bedencke waz du vor gelyden hast,
daz do ist übir der frawen meßikeit, und as oft
asichz vor mich neme, so wundertz mich, daz du
noch lebst, wie mag ich dir den geoffenbar dieße
kegenwertigen dinger, die vil untreglicher seyn dir 35
und mir den die ersten.‘ ‚das do vorgangen ist,‘
sprach sie, ‚her, daz hab ich gote enpfoln und von

---

1 mene   3 *Prov.* 14, 13.

seinen gnaden trag (ichz) so pest ich mag. aber dieße
kegenwertigen ding sein mir untreglicher, wen ir
seit anders geschigt den vor. (128ᵃ) darumb so pit
ich ewir frûntholt hertz mit demud, ist es nicht wyder

5 ewrn willen, daz ir mit mir teilt ewer angst, so ge-
trew ich got, ir tragt sie dest leichter.' ‚is,' sprach
er, ‚Grysardis, daz ich dirs sage, und wer nicht vor-
sicht dez endis, so wer es nicht wunder, daz wir
peid ab gyngen.' ‚her,' sprach sie, ‚habt ir nûr kein

10 sorg und legtz allis auff mich, so schult ir ervinden,
daz alles zu dem besten wirt geschicket.' ‚worumb
laß ich mich,' sprach er, ‚von dir ûbirwinden, daz
ich dir sage aller leid das leidgste? ader wôrumb
schaltu umb mich und ich durch dein willen sûlch

15 unrecht leyden, den daz wir leicht peyde in grosße
sichthum vallen? sich, grossen dingen, die vorgangen
sein, volgen nach vil grôßer, wen ich muß dich auß
meinr᾿ geselleschaft sliessen. wen ist daz mer auf
erden gehort? man wil᾿ dich nicht leyden, daz du

20 seist eyn fûrstein, sundern ich muß dich stoßen wider
in alle dein armut, alz ich dich funden hab, und
mir ist auß getreten gar eyn edle jungfraw, die
man mir von verren landen in vierzehen tagen wirt
pringen.'

* 421 Do daz Grisardis hort, do wart * sie fro und

26 sprach: ‚nu, liebster her, seit ir nûr guts mutes, und
unredlich traurickeit treibe got fer von dem herzen
ewer lieb und tugund. eyns allein außgenomen, daz
ir mich gewirdigt hattet (in) ewerm pet keuscher ge-

30 selleschaft und gnediger frûntschaft, die ich hab lieb
gehabt und wil lieb hab die weil ich lebe, und wil
auch nummer undangnam sey adir vorgesse der großen
lieb, die ir mir von ewer angepornen tugenden be-
weist habt: daz allein außgeslossen, so wist, daz ich

35 meins vater armut und seine kegenwert alzo lieb
hab, daz mirs nicht swer ist, daz ich zu ym kume,

---

sundern schimpflich und lustig vor aller lust dießer
werlde. auch hab ich reichtum und herschaft bey
euch nicht lieb gehabt, sundern allein die reinikeit
unde keuscheit, die zwischen uns beyden ist geweßen.
seht,' sprach sie, ,ich bin nackt kumen in die her- 5
schaft und ich wil nacket wider kumen in meins
vater hauß. got gab es: er hatz auch wyder ge-
nomen. alz im gevellig ist, als ist es geschen. sein
nom der sey gelobt.' zuhand stund sie auff auß dem
pet und suchte erfůr die kleyder, die ir ir vater 10
enpfoln hatte alz eyn wolbewarten schilt wyder die
(128ᵇ) hoffart, und wolde dor von, e der tag an
prech. alzo sie sich begunste zu harnaschen in der
kegenwerd yres hern, do waz ir daz alte hemd zu
enge und zu kurtz, darumb daz sie an dem leib waz 15
lenger worden und dicker alz den frawen gemein-
lich geschied nach den kindern. da lachte sie gar
schimpflich und sprach: ,lieber her, es ist nacht, und
ir můget nicht erkennen waz mir gepricht, doch ger
ich, daz ir mir glaubig seit, mein altes hemd das 20
ist mir zu klein worden. erlaubt mir, daz ich tuch
hye nem, daz ich mir in meynes vater hawß eyn
andirs mache.' as ir daz erlaubt wart, da zoch sie
an den halb vorfaulten rog und gesegnet yren hern
* und sprach: ,von ganzem meim herzen pit (ich) * 422
ewer gnad, mein aller liebster her, daz ir mich auß 26
ewrm gedechtniß treibt und kein smertz · habt um
mich, wen mir ist nicht leid geschen vom vorließen
zeitlicher herschaft.' ,beyd mein,' sprach der marg-
graf, ,Grysardis, biß ich mich an geleg, so wil ich 80
dich allein fůr an die stad, do ich dich hab ge-
nomen.' hye ist zu bedenken daz herzenjamer und
weynen, daz der fůrst leid, do er sach alzo unůbir-
windliche tugunt seins weibes, gehorsam, eynvald,
sterke, demud und gedult mit dem haufen eyns vol- 35
kumen lebens und vorsmehung aller er dieser werlde.
alzo gingen die zwei mit enander in der vinstern

5 *Hiob* 1, 21.   19 erkenñ   28 am vom

nacht und quomen vor dez alten hauß. as sie do
peyd stunden in fröyden und traurikeit, do weint der
fůrst alzo ser, daz er ir nicht kund zu gesprech.
aber sie wůnschte ym heil und sprach: ‚unser lieber
5 her und got noch aller seiner erbarmung, gnaden
und gůtikeit vorseh euch mit eynem fromen weib,
die ewrn adel (und) handel alz erwirdig ist, wen
lebt auff dießem ertreich eyn getrauwer, guter, fromer
und gotfůrchtiger man, so seit irs, der unschuldig-
10 licher lebt under der pößen werlt.‘

Alzo ging der her wyder heim und Grysardis
klopfte an irs vater thur. alzo der alte erkante seyner
tochter stymme und die sache yrer zukumpf(t), do vil
er undir yr honden auff die erden halb tod. do lag er
15 lange zeit piß daz er wyder enwenig quam und do
hub sich newe jamer und weynen und er sprach: ʻis
daz nicht kumen daz ich vor hatte sorg, und daz ůbel
daz ich furcht, daz had mich begriffen. sich, alles
daz ich vor hab dem hern gesagt, daz ist ůbir mich

20 kumen. ich enpfind in deinem unrecht versmehung
des almechtigen gottes und das alt sprichwort, das
leider ich armer durftiger unter dotlichen menschen
der aller unseligst man hab gehort von den allten:
* 423 man sol den hern wol * dinen und wenig getrawen.
25 wie wol doch dy bekummert tugenthafft Grisardis
aber einen (204ʳ) sawern senff het versuchet, dennoch
so det sie iren vleiß, das sie iren vater in dem alter
nicht verlure in freffeln urteilen uber iren hern und
sprach also: ‚liber vater, wie wol das geschefft an
30 im selber hat ein posen gestalt, darumb das ich es
weder mit worten noch mit den wercken nicht ver-
schuldet hab, darumb er mich, seinen elichen pet-
genoßen, mocht verlaßen, die er an unterlaß in großen
wirden hat gehalten, so laß von deinem leide, wann
35 ich erkenn den hern also frum und getrew, wer es

nicht enndlich sach, auß der er etwas nuczlichers
zihn wil, er het es nicht getan. dorumb so sweig
wir und haben achtung auf das end und entpfelhen
es got, der alle dinck die poße sein in das gut ver-
wandeln mag, und wann es seiner erparmunge wol 5
gevellet, so wirt es peßer dann es ye geweßen ist.
do der alt sulcheu wort hort von Grisardis, seiner
tochter, do sweig er, und do er paß zu im selber
kam, do wart er also fro, das er sein tochter wider
het, das er alles unrechtz vergaß. 10
  Wie Grisardis wider kam und wie sy ireu kinder
erkante, zu einer anweißung den frawen. von den
tugenden Grisardis.
  Alzuhant als nu Grisardis von dem marckgraffen
kam, do gedacht er mit großer sorgveltickeit, das 15
sulch groß sach icht offenpar wurde, das er die
frawen also het von im getrieben, dy alles volk in
also großer libe heten und in also genem was, und
er het es nicht mügen an schaden seines leumuntz
verantwurtten, und das groß ergernuß wer auf er- 20
standen unter dem volk: darumb so bestellet er gar
behendiglichen, das die fraw zu im kom und sein und
Grisardis tochter, die iczunt manper was worden, mit
iren prudern, die ir dann enpfolhen waren worden
und die sie erzogen hett, als ob sie ireu (204ᵛ) kint 25
weren, mit ir precht, und er het in groß volk zu
geschickt, die mit kostenlicher zirde mit den kinden
kummen solten. es het auch der * markgraff di sach * 424
also bestalt, das die tochter wider in noch ir muter
Grisardis nicht bekannte, dann allein hort sie von 30
der frawen, die sie erzogen het, dy sie fur ir muter
het, das sie solt mit ir faren zu beschawen den marck-
graffen und sein weyp, von der sie als groß tugent
het gehort und vernummen. als man nu dem marck-
graffen saget, im komen gesste, do schickt er mit 35
listen nach Grisardis, das sie zu im kome. alzuhant
was sie irem hern gehorsam und die aller demutigst
Grisardis, die liffe nicht vol zorns, als ob sie nicht
kummen wolt von widerspenikeytt wegen, sunder

alzuhant kam sie zu im. in dem ist zu mercken, was
gutes wircket einfalt und demut. ‚Grisardis,‘ sprach
der furst, ‚du weist umb das geschefft meines haußes.
darumb so mach und bereitt alle dinck ordenlich,
5 wann die geßte kummen mit der junckfrawen, die
dich hat wider pracht in deines vater hawße, und
gee ein weyl in mein kammer, biß das gedreng des
volkes verget, und leg ander cleider an, wann es
stund mir nicht wol, das ymant an meinem hoff ubel
10 cleider an het, und schatz dy junckfraw durch ein
lochlein in der kammer.‘ als Grisardis ein sulchs von
dem hern geheißen was und das kawm het volpracht,
alzuhant was daz folk pey der purge. der furst
ging herab fur dy purck und enpfing dy edeln frawen
15 und dy junckfrawen mit iren prudern mit großer
wirdikeit und furt sie an dy stat, da sy wolten
frolichen sein. und als man saget, so was dy junck-
fraw und auch ir pruder außdermaßen schon und
wol geschicket, gleicher weise als man engel sehe
20 in menschlichen leiben. aber die tugenthaft Grisardis
was besloßen, (205ʳ) und sie mochte die junckfraw
kawm durch einen spalt gesehen. doch so mercket
sie irer sitten und nam irs antlucz ware und irs
leibes bewegung, und sie het ein groß wolgefallen
25 an ir. umb sulch sach gewan Grisardis ny kein neit
in irem hertzen, sunder große sorgveltickeit het sie,
das irem hern icht ubels widerfure. mainstu, ab man
* 425 ein frawen * auff der erden vind, so die sehe also
ir gellen, das sie nicht beweget wurde? ich sprich
30 nicht allein von neide, sunder leg es an ir, sie trib
sie auß dem lande. do fursah der marckgraff, das
die sach nicht auß kem und das auch nymant nach
Grisardis wurd fragen, und do der tisch bedacket
wart, das man solt essen, do holet er sie selber.
35 und als sie mit im auß der kammern ging an verlisen
irr schonen gestalt, und als sie die all het enpfangen,
die kummen waren, do hiß sie der herre pey im
pleiben ob dem tische mit im und mit den geßten.
do bestalt der furst, das Grisardis saß ob dem tisch

gegen im uber zwischen den zweyen prudern, und
er saß zwischen der fremden frawen, dy dy kint
und die junckfrawen erzogen het und zwischen der
junckfrawen seiner tochter saß er, die Grisardis fur
die prawtt het. und, als man saget, so sah Grisardis 5
die junckfrawen, die dye prawt solt sein, stettiglichen
und oft an, und sie verwundert ir uberigen schon
und ir zuchtigen geperd und guten siten, die sie
het. auch so warff sie unterweillent ir augen auf
dy pruder, ir sunne, das sie enzunt wart in muter- 10
licher lib, das sie einen sulchen lußt und wolgevallen
gewan an den kinden, das sie aller trawrikeit ver-
gaß und vor freuden nicht mocht essen. und sie
gedacht und trug zu sammen in irem herczen irs
hern fursichtikeit und sie erkannt in also edel und 15
gut, das sie in nye als in sulchen großen dingen
wolt (205ᵛ) urteilen. darnach do begonde dy tugent-
hafft Grisardis zu uberslahen und bedencken das alter
der junckfrawen und der knaben mit den jarcn, als
sich ir kummer het angehaben, und sie sahe auch 20
etlichen zeichen, dy die muter an iren kinden paß
wißen dann jmand anders, und auß den dingen allen
begreiff Grisardis, das die kinder ireu kint waren.

Was die tugenhaft Grisardis redet, so sie ire
kinder erkante, und was angegriffen wart mit irem 25
vater in irr bekentlichkeit.

Die weyl also Grisardis mit großem vleiß fursahe,
das sie icht irret in gewisser bekentlichkeit der kinder,
und do sie auch * gewiße was und erkante, das ir * 426
herre all vergangeneu ding darumb het getan umb 30
versuchung willen der bestendikeit irer gedult, do
gedacht sie, wie sie den hern mocht furkummen in
der offenparung. doch so hilt sie sich lang auff, und
besunder so ir hertze begonnd zu prinnen, das sie
icht det das wider gut siten und frawen zuht wer. 35
also wuchs nicht in der tugenthafften Grisardis zorn
nach der gewonheit der weiber. sie gedacht auch
nicht, wie sie den hern reißet zu untugent, das er
ir sulch unrecht beweist het, sunder sie het in deßter

liber und vergaß aller vergangen ding, als sie nye
geschehen weren, und sie beweißet sich also gen im,
das er si durch ir groß tugent und demut mußt liber
haben denn er sie vor ye gehabt het. und do sie
5 das fewer in irem herczen der libe gen irem hern
und gen den kindern nicht lenger mocht verpergen
und getragen, do umbving sie die kint itlichs mit
iren armen und trucket sie gar zertlichen an ir
muterliche prust mit freuntlichem kußen und sprach
10 zu irem hern mit lachenden augen also: ,gnediger
herr, hab ich gunst von ewern gnaden, das ich nach
meinem (206ʳ) lußte mag geschimpffen mit meinen
kinden?' do der marckgraff sahe, das Grisardis was
furkummen und dy kinder erkant het, als sie das
15 beweißet mit irem frolichen antlucz, do sprach er:
,Grisardis, meinestu, das dieseu kinder deine kint
sind?' ,ja, herre,' sprach sie, ,es sind meineu kint, die
mir got durch euch geben hat.'

Was großer wunnen und freuden do auff stunde,
20 do man hort und erkannte sulch fremmde und un-
gehorte ding, wer mag das außgesprechen? alzuhant
must man pringen den frummen gerechten man,
Grisardis vater, der vor selten oder vielleicht ny
auff dye purck was kummen, nicht darumb das in
25 der furst verschmechet (wann er derkannt ine ge-
trew und frumm), sunder darumb allein das er wolt,
das dy versuchung Grisardis solt verswigen pleiben
nach dem fursacz seines willen. als nu Grisardis
vater pracht wart und ee er in den pallast ging, do
30 wart er gecleidet nach zimlichkeit seines alters. auch
* 427 so ließ in der furßt nicht mer kummen * in sein
heußlein, sunder er wart ein anweißer seiner kinder
zu einem trost seiner tochter und das er im auch bey
gestund in seinen füstenlichen rethen auß zurichten
35 den nucz der gemein, und das er im auch wer als
sein vater. also wart er gefurt, do der marckgraff
und Grisardis saßen mit iren kinden und bey iren
geßten. do wart im ere und zucht erpoten, und er
wart unterweißet aller sach, wie der herre sich selber

und Grisardis sein tochter het in tugenden also an
einander versuchet, das sie beideu danck und lob
von allen leuten heten gewunnen. do der alt, Grisardis
vater, dy sach eigentlichen vernam, do verwundert
in sere der großen fursichtikeit des hern. auch alle   5
dy gegenwertig waren, dy lobten und erten got, der
irem hern ein solch demutig, keusch, gehorsam, ein-
faltig und tugenthaftig frawen geben und beschert
het. auch so kam (206ᵛ) das geschefft Grisardis in
alle lant und der lewmunt der tugent ir und irs 10
hern wart von allen menschen globet. und wie wol
dye tugenthaft Grisardis vor allen menschen was
genem und außdermaßen lip, aber do man hort, das
sie als in großen hefftigen dingen als gar tugentlich
und demûticlichen het sich uberwunden, do wart der 15
lewmunt irer versuchung und frummkeit noch hoher
auff gehaben. es sol auch ein itlicher leser und
zuhorer wißen, das diseu istory nach dißem vor-
geschriben synn sich also verlauffen hat und ge-
schehen ist.   20

Lesarten.

Die im folgenden zusammengetragenen Lesarten
sollen ausschließlich die ursprüngliche Fassung, den
Text *Br* ergänzen; die mehr oder weniger von *Br* ab-
weichende Redaktion *X* (*ABCDE*) mußte unberücksichtigt
bleiben: es wäre vielleicht angezeigt gewesen, *Br* und *X*
im Paralleldruck mit Variantenangabe einander gegen-
überzustellen, dann hätte aber die bereits im 29. Bande
der Zeitschrift für deutsches Altertum S. 373 ff. veröffent-
lichte Fassung unter Verwertung der inzwischen hinzu-
gekommenen Handschriften wiederholt werden müssen,
was mit Hinsicht auf den literarischen Wert des Denkmals
kaum zu rechtfertigen gewesen wäre. Eine Verquickung
der Lesarten beider Redaktionen mußte aber praktisch
kaum durchführ- und darstellbar erscheinen; sie hätte
nur Verwirrung zur Folge gehabt und kam deshalb
nicht in Frage. Auch davon, wie die einzelnen Hand-
schriften der Klasse *X* sich mit *Br* berühren, wurde
nur eine Auswahl mitgeteilt: die Überlieferung der
Texte, die manche Flüchtigkeit, manches Mißverständnis
zeigt, konnte nicht mehr beanspruchen: es wäre Raum-
verschwendung, und vielleicht war ich auch jetzt noch
zu mitteilsam. Da *Br* am Schluß unvollständig ist, mit
48, 19 abbricht, mußte das Ende nach *X* unter Zugrunde-
legung von *B* gegeben werden: die Lesarten für diese
letztere Partie dürften die Filiation der Handschriften
dieser Redaktion genügend veranschaulichen.

1, 16 Nun vernyme und hôre zu man und auch
junckfraw *D*

2, 2 nymmer *ABD*   4 f. zu leren und zu untter-
weisen etwas *E*   19 seligen] selben *E*

3, 4 geheisse *E*   14 f. meßikeit] weyßheit *CE*
17 schopfer von himel hinweg nymet *E*   18 in m.
leben behalten u. b. *D*   30 Samuel *fehlt C*   Ezechias
fehlt C

4, 10 von in m. gereden *E*   24 poten] Rotten *C*
35 [uns] verweysen *C*

6, 34 anfang *C*   36 h. gotes *BD*

7, 24 ich habe dich in meinen gerechten trewen *C*;
in rechten trewen *DE*   25 funden] freunden *C*
28 nicht *fehlt ABD*   34 f. w. bekümmerst du mich *AC*
36 gefugt *AC*

8, 21 strengsten *ABC*

9, 13 f. fleysiger *E*   19 gek. oder versucht *E*
22 disen *C*   27 begerung *DE*   34 erlaube mir *E*

10, 5 zuschacz *ABDE*   9 hoffel *A*; hofel *B*;
hofell *D*; hulffe *oder* hulpfe *E*   17 ist — daz daz]
und solicher ding on ist als *DE*   32 rector *DE*

11, 1 eim] seim *DE*   7 hirnstirn *D*   9 eins un-
holt *A*; eins und holt *BD*; eins und halffen *E*   14 mit
einem u. w. *DE*   37 Terrecia *D*; Torencia *E*

12, 8 begerung und bewegung *E*   14 ich damit *D*
21 awerclein *C*   32 f. zu der Ee vnd zu der n. des w. *C*

13, 8 bürde die swere ist *D*

14, 28 f. vernuft alle zeit *E*   39 doch villeicht *D*

15, 7 magen] manig! *C*; dernach! *E*   die] als *E*
22 endecrist: *dafür Lücke in C*   29 das du mich
unterrichtest und nicht v. *C*   30 trewen *C*   34 vor-
smehen. und von megden *E*   35 f. mit bangendem a. *E*.

16, 1 f. und fieng an mit *C*; u. fing mit dem *DE*
7 mit ewer dienern *C*; mir und ewern dienern *D*
10 mir habt *C*   15 windes] wunders *C*   16 er] ir *DE*
23 smehen *D*   26 also ich gesprochen hab *C*   29 so
auff hewt *E*   29 f. er das gantz jar n. *C*   31 lassen *E*
35 seliges] herlichs *E*   36 f. da von ein yeglich mensch
wol versteet das ein yeglicher *C*   schefft *C*; stich *D*;
stift: *über* ft : ch *E*   39 anders nicht *C*; nicht
anders *E*

17, 1 stands *C*; status *E*   4 zirde] zeit *CD*
17 stendt *C*   23 ewer fursichtikeit *C*; fürstlichkeit

und wirdigkeit *E* 31 Ercule *X* Rachel *bis* Hester
fehlt E; Delbora *C*; Ester *AB*

18, 2 durch d. fewer sind zu *C* komen und
durch daz swert *E* 3 Johanssen *C* 10 Josephen *C*
18 wirdigen *fehlt C* 22 *nach* guten *wohl von gleicher
Hand* nicht *eingeschaltet E* 32 unkeuscheit und
unreinigkeit! *E*

19, 1 Diedo *ABCE* 2 Pihmaleonis *E* 8 ward *C*
9 Sichei *fehlt O* 17 Nyceratiz *C* 21 hoßander *C*
Athenae *D* 22 artē|na *D* mit dem namen M. *DE*
Mansoly *C* 24 f. hystorienschr.] schreibern *C* 26 tot
zu aller zeit *C* 29 f. m. mansola (mansolo *D*) heissen
māsolea (mausolea *E*) *CDE* 30 Theuta] Seneca
AC; Teneca *BD*; Theneba *E* 33 juden *ABDE*
39 kriegen *C*

20, 7 Socroticus *ABCD*; Sotitutus *E* 8 Farna-
bosum *C* 11 abtides *A*; Altidis *BDE*; Abtidis *C*
13 f. durch die veinde *fehlt C* 16 behalten *E* 17. 20.
25 Abeadices *ACD*; Abradices *B*; 25 Abiadices *C*;
17 Abendites *E*; 25 Abeadites *E* 18. 19 Pantina *C*
21 geschemigkeit *D* 23 west sein *darüber* es *C*
Thirum *C* 24 vxenophon *C*; xenophan *D*; vrenophan *E*
32 Socrota *A*; Socroto *B*; Secorta *C*; Socrotes *D*;
Socrates *E*

21, 1 der] seiner *C* 2 ertŏtt *C*; ertotet *DE*
4 gewaltig werden und l.! *D* Lucrenam̄ *oder* Lucco-
nam̄ *C*; Lucrociame *E* 5 gros gewalt *D* 6 Tor-
quino *C*; Trackwino *E* 8 vermeiligung *CE* 9 Tor-
quinus *C*; Tragwinus *E* 13 nicht] mit *C*; vnd *E*
14 keuscheit *C* 15 eyn gn.] benŭgen *C* 19 ge-
duncket *C* 22 ein gn. *E* 26 sundern *bis* gegenw.
fehlt E 27 lebende] gegenwertigs! *E* 31 weyber]
welt *ABC*; werntlichen *E* 32 waz] ward *C* 34 er]
der *C* 37 f. daz ich erznei gevunden het da f. *D*

22, 1 Biella *C* 3 munder *E* 5 as vil j.] also
gar *C* 7 gepresten *D* 11 Maria *ABE*; Mai'a *C*
13 nach dem und ir man *C* 16 lieb *C* 18 vnwirdig! *C*
24 Maria *ABC* 29 Ananus *C*; Annanyas *E* 35 pŏßer

man, So hete ich leid, waz *C*   was get] wes ging *E*
37 Pelleria *CE*

23, 1. 3 Serfinus *ABC*; 1 Servinius, 3 Serfinus *E*
8 so] das *C*   11 ein notd. *E*   12 alzo *fehlt D*
ewer *fehlt D*   eynot *E*   12 f. das ewer mut solt
h. a. *C*   15 under uns die] unser *DE*   17 g. als
das P. *E*   20 sich aber an] mit *E*   22 gedunckt *C*
25 a. das ich dann erkenn der sel selikeit *E*   31 ge-
walt *D*   32 aber *fehlt C*   eynet] ein' *C*

24, 3 ausserwelt hab *E*   4 aller *fehlt E*   6 sey *C*
9 nicht] mer *D*   12 das pose weib, *über* das: dem *C*
beweget] beger! *C*   14 grosem] ganzem *D*   15 Cristi *C*
16 sein] der *D*   20 vnd do *C*   27 das er ein fr. *D*
28 wol geviel *DE*

25, 6 die] das *C*   10 frag] sag *E*   gemerck *C*
11 ich das volck alles *CE*   14 und ander *fehlt C*
behende l.] hantwerck l. *E*   16 [faßungen und] für-
spangen geneß und *C*   17 kreucz *X*   17 f. gewant
[zu kl. n. von s. nu] von sämet und *C*   19 daz alles *C*
25 wyttiber *C*   30 Dieselbig *C*   32 wenn] so *C*
schefflenn *C*

26, 1 f. die j.] sie *C*   6 schüllen] gehóren *AD*;
zugehören *BCE*   14 nach] und *C*   27 hinder-
listigen worten *D*   29 und *fehlt E*   wyder kern
fehlt E   30 wider antw. *E*

27, 7 pittent *E*   14 verwundert *CDE*   15 vor
augen vorh. *D*   es also *C*   22 puchsaunen *C*
36 lange zeit *C*   36 gewarrt *C*

28, 1 waz] als *CE*   4 willen s. g. gefallen *D*
8 bleib sten(d) *CE*   13 er] ee! *CE*   17 schreck-
tum *E*   23 gedemutiget *CE*   31 das als ein *E*

29, 2 zoch] tet *E*   9 f. edele gesteyn *E*   13 vor
scham *fehlt D*   17 kumpt zu mir ˙ *E*   17 f. mein
armes h. *BDE*   21 erwirdigkeit *E*   29 nyder s. *C*
30 alten] armm̄an *C*   34 wissent und o. *E*

30, 19 e. gemahel *E*   22 mein altveter *E*   23 edler
furst *E*   29 gegenwertige z. *BCDE*   36 lebens] leibs *E*

31, 1 richter *C*   2 wolt leyden *E*   4 bedurft *E*
9 geczeug *C*   12 wolt smehen *D*   13 dez urlaubß

fehlt D   15 gemahel *E*   30 und halb *C*   38 jm]
nw *C*   antwortet *E*   39 iunckfrolicher *E*

32, 2 kennestu yn icht *C*   4 dieser] unser *D*
8 behueter *DE*   14 f. und aller *bis* kinder *fehlt E*
16 ware] was *CD*   17 undert. sey *CD*   18 scheczt
ABCE   19 arbeit] armut *D*   gebr. der arbait *D*
21 bes. [du] *C*   seinß vater *C*   23 lieb wegen *E*
26 dyenerin *C*

33, 4 verschemlichen *C*   v. dieser werlt und zeit *D*
9 nichts icht *C*   12 bevolhen *C*   thewren pl. *C*
20 f. du g.] verstestu gut! *E*   31 gedunckt *C*; be-
dunckt *D*   31 f. der alt] den vater *C*   32 vetter-
licher] settlicher *B*; zeitlicher *E*   33 gemütes *CD*

34, 1 f. dich im [in] *C*; im dich geben *E*; mit meiner
g. und guten w. *DE*   7 f. der wirdige] unser gnediger *E*
9 ist] wer *E*   17 aufnempt *E*   20 volbringen *CE*
23 bleip rein *E*   nein] nw *C*   28 f. hieß [allein] *E*
29 und] auch *C*; und auch *E*   30 sich] sehet *C*
37 getraut *D*

35, 2 sich m. w. *E*   keynen] allen *E*   3 ge-
zytten *C*   wyder sey] undertenig m. *E*   8 und
mein pfl. *C*   12 mit gest. *C*   17 Wie Gris. von irem
vater geleret und unterweyst wart *C*   22 sehen ließen
und *D*   25 allzuh. *C*   26 die dr. *D*   mit menig-
keit *E*   28 groß *fehlt C*   29 alda *C*   31 erhort *E*

36, 3 wol *fehlt C*   16 kumen noch v. *D*   31 darumb]
und *C*   33 seckel od' sack *C*   33 f. gib und teils
in gr. d. *C*   36 beleydelich *C*

37, 3 f. mit den kurzen worten *C*   4 sie] die *C*
5 dich] dir *C*   10 f. gehort *E*   12 u. m. p.] In
deinem wesen! *C*; *fehlt E*   14 warr|nūg ein verm. *C*
zeme *DE*   16 Alzo] Do *C*   18 zu *fehlt D*   21 alles]
seines *BCDE*   24 leser] laßter! *AC*   25 sey] sich *C*
32 vor *C*

38, 2 daz dann alles v. *D*   7 empfahung *AC*
21 f. nymand ir h. und eren vergonnet *C*   35 zu g. *E*

39, 2 herren *C*   3 menschen *C*   7 ward *C*
8. 10 dem lant *CDE*   11 gewesen *E*   15 von *E*
16 gebracht *C*   19 irer e. *unter* ir': der *C*   25 auch]

besunder *D* 25 auch geistliche m. *C* 26 der g. *C*
28 weiplich *C* 34 mit ir] mir *C* mochst *C*

40, 6 edlen leuten! *C* 11 tug. der weiber *E*
13—15 *CDE* = *B* (413, 24 f. *Lesa.*) 21 zeitlich-
keit *AE* z. w.] zeitlichen narung *C* 26 syten
fehlt C 27 kinden *C* 31 ynne] in ir *E* 33 ewigen
fehlt D

41, 18 nye] nicht *E* 20 ye *fehlt C* 22 mit
den w. *CE* 33 dirn *D*

42, 3 nemerin *C* 6 gedunckt *C* thust *E* 7 be-
trubt *E* 19 ich Gr. *D* 23 auch] halt an im *E*
30 getragen *C* 35 bevolhen *CE*

43, 8 was und wie sie *E* 11 waz ir w. ist] ewern
willen *C* 13 sie z. sie *C* 14 n. ds nicht weßt
noch *C* 20 willig schimpflich *fehlt C* 27 herzen
we *C* 28 eyn] die *C* 32 gesweig *E* 35 tugent-
haftigen *C*

44, 5 sassen *C* 6 der sp. *C* sachen *C* 7 ver-
swigen *C* l. sich] lebten *E* 8 hy] nu *DE* 11 wölle *C*
22 lieb] tugentliche *C* unstreffenlich *C* 25 sein]
Synnen! *C* 26 sie auch *D* 27 f. durch w. er w.
fehlt C 29 her] der herre *BDE* bekennet *A*;
erkennt *C* Assur] aber! *C* 31 slahers *CDE*
32 zuchtigen *AC* 33 aber *fehlt C* wolte *C*

45, 5 unschuldigen *C* 6 schonet *E* 7 besundern
fehlt C herlichen h. l. *E* 13 redt *X* r. aber als
ob *BDE* stym *C* 21 args *C* 22 doch *fehlt D*
23 die *fehlt C* 27 sussen hinterlisten *C*; snlcher h. *E*
28 gemeßigen *BDE*; gemißchen *C* 30 zw. müge *E*
31 waz] das *C*

46, 17 vil *fehlt E* 18 und wen *E* 18 f. auf
e. mer g. *CDE* 21 gefundene *C* 23 von andern
l. *E* zehen *D* 27 unredlicher tr. die *DE* 32 un-
dankper *C* 33 mir] mich *C*

47, 3 [die] r. *C* 4 [die] zw. *C* 11 bevolhen *C*
17 beschiht *C* 19 muget] kint *E* 20 das *fehlt CD*
24 halben *CD* 25 spr. also *D* 29 f. spr. d. m.
fehlt C 32 mercken und auch zu b. *C* des herzen-
lichen jamers *D*; des herzenlichen grossen jamers *E*

48, 4 alles heils *E*   7 sey *D*   8 erdenrich *C*;
dieser erd *E*   guter *fehlt C*   fromer *fehlt CE*   9 got-
fürhtender *D*; gotf. *fehlt E*   mensch *E*   9 f. un-
schuldiklich *C*   10 dieser *C*   15 l. zeit *fehlt C*
19 *mit* mich *bricht Br ab; das folgende nach B*   20 un-
rechten *AC*   versmehenn *C*   22 leider *fehlt DE*
armer] alter *C*   armer d. u. d.] alter und torlicher *A*
unter allen d. *C*   23 dem alten *A*   alten vettern *E*
24 ubel trawen *A*; w. trawen *E*   25 tugenthaftig *A*]
fehlt E   26 saur *AB*   senft *ACD*   hat *C*   27 alten
v. *C*   29 diefs g. *ADE*   30 selbs *A*   31 den
worten oder mit w. *D*   den *fehlt CE*   32 darumb
das *ACE*   elichen *fehlt E*   34 gehabt *E*   laß
doch *AC*   dem l. *ACD*   35 als *C*; wol also *D*

49, 2 er thet es nicht *ACD*   so *fehlt E*   5 und
fehlt D   parmherczikeit *C*   7 f. hort s. w. von s. t.
Gr. *D*   10 unrechtenn *C*   11—13 *rote Überschrift*
Nw wie *C*   kam zu irem herren *DE*   12 zu einer
anw. d. fr. *fehlt E*   der fr. *A*   von den] und *A*   und
von [den] *C*   12 f. von den t. Gr. fehlt *DE*   13 Gri-
sardis etc., *hierauf rot* Katherina *A* ·   14 als *fehlt C*
15 sorguellikeit *B*   16 nicht *ACD*   17 von im
hett *E*   18 also] aller *A*   hett *AD*   und *fehlt A*
19 mügen *nach* 20 verantworten *C*   leymûts *ACE*;
lewmûts *D*   20 ergernufs darauß *D*   auf *fehlt D*
20 f. gestanden *DE*: *über* ge er *D*   21 so *fehlt C*
22 behendiglich *AC*; behenndlichen *B*; heymlich *E*
keme *E*   23 manpar *ACE*   24 worden *fehlt DE*
25 ob] es *D*   jren *B*   26 und sie mit *E*   zu *fehlt A*
27 gezirde *AE*; zyr *C*   29 bestellet *ACD*   w. in]
weder zu *A*   ir muter *fehlt C*   30 erkannt *ACE*
31 und die *D*   die sie f. i. m. het *fehlt AC*   33 weyb
vnd *A*   der] den *D*   also *E*   38 liffe *fehlt C*

50, 1 [in] dem *A*   vermercken *ACD*   2 Grisardis
nach 3 furst *B*   3 du weist *fehlt A*   hauses] hofes
wol *E*   4 mach und *fehlt A*   ordenlichen *AC*   7 das
das *C*   9 wol an *CDE*   in m. h. *C*   9 f. ubel ge-
claidet were *ACDE*   10 und schatz *bis* 11 kammer
fehlt C   10 schaczt *A*   junckfrawen *AE*   11 kam-

meren *A*; kamern *E*   solh *AE*   12 wurd *A*; ward *E*
volbracht hett *A*   13 vor der p. *C*   14 frawen]
junckfraw *A*   15 die *fehlt C*   16 f. frolich wolten *C*
17 saget *bis* 18 bruder *fehlt C*   18 aufsermasen *A*
19 als ob *C*   20 menschlichem leben *C*   leibe *E*
tugenthaftig *C*   21 die was *C*   sie] die *AC*   junck-
frawen *ACD*   22 ein *ACD*   klufft *C*   23 ir a. *ACDE*
24 groß *fehlt E*   25 not *C*; laid *DE*   26 sorgvelli-
keit *B*   27 nichts *C*   Wo mainstu *DE*   ab] da *D*;
das m. ytzo *E*   28 fünde *C*; fund *E*   do sie sahe
ir g. *A*   die] sie *E*   also *fehlt CE*; als *D*   29 sie
darüb *C*   30 bege *A*   31 versahe *A*   das *fehlt C*
32 das nit solchß dar *C*   kome *ACE*   33 bedeckt *C*
34 was *A*   das] do *A*   selbe *E*   35 kammer *DE*
on alle verliesung *C*   36 ir *AD*   37 ließe *C*
37 f. yn pl. *D*   38 gesten essenn *C*   39 bestellet *CE*
   51, 1 den *fehlt C*   2 der] den zweien fr. *AC*   3 die
fehlt A   4 saß er die] Das er *C*   saß er *fehlt D*
5 so] do *AD*   7 sich irer *C*   7 f. irer — irer *D*
8 und *fehlt C*   gepere *C*   gut *A*; guter *E*   9 die
augen *E*   10 ganz enz. was *A*   11 sie *fehlt B*
15 hern] herczen *AC*   sussikeit *C*   16 als *fehlt C*
17 do *fehlt D* · 19 knab *B*   als] das *C*   20 an-
gefangeñ *C*   auch] auff *E*   21 paß an iren kinden *D*
22 nymand *A*; nymants *C*   allen *fehlt D*   23 Gri-
sardis *fehlt D*   kint] kinder *ADE*   24 — 26 *rote*
Überschrift Nw was *C*   tugenthaftig *E*   25 f. wart —
26 bekentlichkeit] was amen *A*   irem v.] ir *C*   26 iu
irr b.] behendiglichon *D*; vnd irer behentlichkeyt das
merck *E*   27 Die] Da *B*   28 nicht *E*   behent-
ligkeit *DE*   irer k. *D*   32 dem *C*   33 so] do *A*
und *fehlt AD*   34 so] da *DE*   zu *fehlt C*   36 tugent-
haftigen *A*   Grisardis *fehlt CE*   37 weib *E*   38 raicztet
A   vntugenden *E*
   52, 1 vergangen' *C*   als ob *E*   2 geschen *AC*
gegen *CD*   3 ir *fehlt E*   4 ny *E*   und *fehlt D*
5 der l. in i. h. *D*   der libe g. i. h. *fehlt A*   gewan
gen *D*   6 und gein *D*   7 und] noch *E*   do] so *A*
kinder *D*   yeglichs *C*   9 muterliche *fehlt C*   frunt-

lichen *A*   12 mŭg schimpffen *B*   15 beweist het *E*
16 f. das d. kind dein sint *A*   17 sein *CD*   18 got
der almechtige *D*   19 wünne *AD*; wunne *E*   frewd u.
wūn *C* frewde *D* erstunde *D*; stunden *E*   20 fremmde]
frewde *C*   und *fehlt A*   20 f. unbekante *A*; un-
erkannte *C*   21 wer mag das außgespr. *fehlt C*
sprechen *DE*   zuhant *C*   23 vor *fehlt C*   24 nicht
fehlt AE   25 f. vngetrew, n *ausgestrichen A*; so
getr. *B*   26 frummen *C*   das das *C*   27 ver-
sweigen *A*   31 hiß *BE*   32 h. mit wesen *D*   mit
wesen in s. h. *E*   weisser der k. *E*   34 stünd *AC*
fúrsichtigenn sachen *C*   rechten *ADE*   vnd auß-
richten *E*   37 der Gr.! *C*   kinden und bey iren
fehlt E   und *fehlt D*   39 und s. s.! *D*

53, 2 f. lob und danck hetten von allen leuten *D*
3 menschen *C*   genomen *AC*   do nw *C*   der Gr. *D*
5 und auch *E*   6 eroten *A*   7 demutig *fehlt E*
8 und *fehlt C*   und tugenhaftig *fehlt A*   tugenthafte *C*
9 geslecht *AC*   10 in a. lant von Grisardis *D*
leim|munt *E*   12 dye t. *fehlt D*   tugenthaftig *A*
13 genūmen! *C*   lieb gehabt *C*   14 gar *fehlt D*
15 diemutiglich *ADE*   sich hett u. *D*   u. sich *A*
17 yeglicher *C*   18 die *D*   historie *E*   dem *D*
19 sich *fehlt D*   erloffen *C*   19 f. geschen *AC*

Anmerkungen.

3, 24 ff. *Das folgende ist mit den Worten Petrarcas:* saepe
filii dissimillimi sunt parentum *zu vergleichen, ohne daß das
Latein dem Deutschen zugrunde läge, denn Groß' Vorlage ist
von Boccaccio und Petrarca durchaus unabhängig. S. Herr-
mann, Albrecht v. Eyb, S. 303 Anm.*

9, 4 ff.

Hieronymus adversus Iovinia-
num 1, 49 (Migne PL. 23, 281).

Adulter est in suam uxorem
amator ardentior, in aliena
quippe uxore omnis amor
turpis est, in sua nimius;
(*Migne 23, 280*) Amor formae,
rationis oblivio est. — Turbat
consilia, altos et generosos
spiritus frangit, a magnis
cogitationibus ad humillimas
detrahit.

Albr. v. Eyb, Ehebüchlein ed.
Herrmann 9, 20 ff.

Wann Sextus phylosophus
spricht: Der ist ein eebrecher
in seim weybe, der sie zu
hitzigklichen lieb hat. In
einem frembden weyb ist alle
lieb ein vntugend vnd straff-
lich vnd in dem eygen weyb
ist große, überflüßige lieb
schentlich. Wann liebe bringt
vnrat, pricht hohe synne vnd
geist, nympt den menschen
von großen, guten gedanncken
vnd bringt in zu vnendlichen
vnd verworffen dingen.

9, 12 ff.

H. 1, 49 (Migne 23, 281).

Refert Seneca, cognovisse se
quemdam ornatum hominem,
qui exiturus in publicum,
fascia uxoris pectus colligabat,
et ne puncto quidem horae
praesentia eius carere poterat:
potionemque nullam, nisi al-
ternis tactam labris vir et
uxor hauriebant. — Origo
quidem amoris honesta erat,
sed magnitudo deformis.

A. v. Eyb, Ehebüchl. 11, 35 ff.

Seneca spricht, er hab ge-
kannt einen gelerten, weysen
man, der mit vleyßiger lieb
also gefangen was, das er an
sein prust hieng einer frawen
fürspangen, wenn er auß
gieng.

9, 35 ff.

(Pseudo) Augustini Soliloqui-orum lib. I cap. 10 (Migne PL. 32, 878).

A. v. Eyb, Ehebüchlein 6, 1 ff.

Ratio: Quid uxor? nonne te delectat interdum pulcra, pudica, morigera, litterata, vel quae abs te facile possit erudiri, afferrens etiam dotis tantum, quoniam contemnis divitias, quantum eam prorsus nihilo faciat onerosam otio tuo, praesertim si speres certusque sis nihil ex ea te molestia esse passurum? Aug. Quantumlibet velis eam pingere atque cumulare bonis omnibus, nihil mihi tam fugiendum quam concubitum esse decrevi: nihil esse sentio quod magis ex arce dejiciat animum virilem quam blandimenta femineae, corporumque ille contactus, sine quo uxor haberi non potest. Itaque si ad officium pertinet sapientis (quod nondum comperi) dare operam liberis, quisquis rei hujus tantum gratia concumbit, mirandus mihi videri potest, at vero imitandus nullo modo: nam tentare hoc periculosius est, quam posse felicius. quamobrem satis, credo, juste atque utiliter pro libertate animae meae mihi imperavi, non cupere, non quaerere, non ducere uxorem.

Augustinus, der selige vater, wart gefragt von der vernufft, ob in nit gelustet, zu haben ein weyb, besunder wenn sie schön, keusch vnd reine wer, schemig, weise, gelert vnd gutter sitten, mit genüglichem zuschatze, die in an studiren vnd lernung nit hindert noch sust betrübet. Antwurt Augustinus seiner vernufft; Male mir sie, wie schön du wilt vnd hobel sie mit allen tugenden, so will ich doch keinerley so sere fliehen als weiplich gesellschafft, wann ich find nichts, das menlichen mut und alle kunst so sere verletzt vnd nider druckt als weipliche gesellschafft.

10, 26 ff. *H. 1, 48 (Migne 23, 279).* Philippum regem Macedonum, contra quem Demosthenis Philippicae tonant, introeuntem ex more cubiculum uxor exclusit irata: qui exclusus tacuit et injuriam suam versu tragico consolatus est.

10, 32 ff.

H. 1, 48 (Migne 23, 279).

A. v. Eyb, Ehebüchlein 7, 10 ff.

Gorgias Rhetor librum pulcherimum de concordia Graecis tunc inter se dissidentibus reci-

Gorgias, der rethor, het ein weyb, die stetes mit im kriegt von der meyd wegen, die im

tavit Olympiae. Cui Melanthius inimicus eius: Hic nobis, inquit, de concordia praecipit, qui se et uxorem et ancillam tres in una domo concordare non potuit. Aemulabatur quippe uxor eius ancillulae pulchritudini, et castissimum virum quotidianis jurgiis exagitabat.

haws und hûbsch was, darumb auch die fraw die meyd neidet vnd hasset. vnd als Gorgias den Kriechen schreib vnd schickt ein puch von der eintrechtikeit, als sie vneins waren, ward im geantwurt: ‚Der gepeŭtet vns eintrechttig zu sein, der doch sich, sein weyb und sein meid dreŭ in eim hawse nit eintrechttig gemachen kan und teglich mit krieg des weybs beladen ist.‘

11, 4 ff.

H. 1, 48 (Migne 23, 278 f.).

Socrates — duas habebat uxores. Quae cum crebro inter se jurgarentur et ille eas irridere esset solitus, quod propter se foedissimum hominem, simis naribus, recalva fronte, pilosis humeris et repandis cruribus, disceptarent: novissime verterunt in eum impetum et male mulcatum fugientemque diu persecutae sunt. Quodam autem tempore cum infinita convicia ex superiori loco ingerenti Xantippae restitisset, aqua perfusus immunda nihil amplius respondit quam capite deterso: sciebam, inquit, futurum, ut ista tonitrua imber sequeretur.

A. v. Eyb, Ehebüchlein 50, 5 ff.

(Socrates) het zwu frawen nach gewonheit des landes, die kriegten teglich miteinander vmb den alten man; do spotet er der frawen, das sie vmb in kriegten. also vertrugen sich die frawen ob dem manne vnd kriegten fûrbaß mit im: das leyd er gedultigklich. Eines mals hetten sie großen krieg mit im vnd gaben im vil schentlicher pôser rede; do gieng er auß dem haws. do begoßen sie in mit vnreinem wasser von oben herab; do wischet der gedultig man sein hawbt und sprach: ‚ich west wol, das nach einem sollichen dondern kumen wurd ein regen.‘ *Vgl. auch A. v. Eyb, Spiegel der Sitten 1511 Bl. 37*[a b].

11, 21 ff. *H. 1, 48 (Migne 23, 279).* M. Cato Censorius habuit uxorem Actoriam Paulam, humili loco natam, violentam, impotentem et (quod nemo posset credere) Catoni superbam. *Gemeint ist übrigens der Sohn des Cato Censorius: C. Licinianus.*

11, 27 ff.

H. 1, 48 (Migne 23, 279).

Legimus quemdam apud Romanos nobilem, cum eum amici arguerent, quare uxorem formosam et castam et divitem repudiasset, protendisse pedem

A. v. Eyb, Ehebüchlein 6, 35 ff.

Man liset in den hystorien der Rômer, das zu Rom ist gewesen ein weyser man, den sein freŭnt darumb strafften, das er het außgetriben vnd

et dixisse eis: et hic soccus quem cernitis, videtur vobis novus et elegans, sed nemo scit praeter me ubi me premat.

von im gethan sein schônes weyb, die doch frum, gûttig vnd keusch was, das man nicht gedencken môcht, was in beschwert solt haben, wann sie auch genug an zeittlichem gutt hett. do man den weysen man also strafft, do reckt er von im ein fuß vnd sprach: ‚secht, lieben freûnde, der schuch istneu, glat vnd hûbsch, aber eur keiner weiß, wo mich der schuch druckt, dann ich allein.‘ *Gemeint sind Paulus Aemilius und Papiria.*

11, 35 ff.

H. 1, 48 (Migne 23, 278)

Cicero rogatus ab Hirtio, ut post repudium Terentiae sororem eius duceret, omnino facere supersedit, dicens, non posse se uxori et philosophiae pariter operam dare.

A. v. Eyb, Ehebüchlein 6, 18 ff.

Als auch Tulius hatt gesprochen, do er Hircius schwester nit wolt nemen.

12, 19 ff.

H. 1, 47 (Migne 23, 276 ff.).

Fertur Aureolus Theophrasti liber de Nuptiis, in quo quaerit, an vir sapiens ducat uxorem. Et cum definisset, si pulchra esset, si bene morata, si honestis parentibus, si ipse sanus ac dives, sic sapientem aliquando inire matrimonium, statim intulit: haec autem in nuptiis raro universa concordant. non est ergo uxor ducenda sapienti. primum enim impediri studia Philosophiae, nec posse quemquam libris et uxori pariter inservire. Multa esse quae matronarum usibus necessaria sint, pretiosae vestes, aurum, gemmae, sumptus, ancillae, supellex varia, lecticae et esseda deaurata. Deinde per noctes totas garrulae conquestiones: illa ornatior pro-

A. v. Eyb, Ehebüchlein 6, 10 ff.

Theophrastus, der ein Jünger Aristotilis gewesen ist, schreibt über dise frag in dem puche der hochzeitten vnd spricht also: Ist sie hûpsch vnd von gutten sitten, von erbern eltern geboren vnd fruchpar vnd so er ist gesund vnd reich, so mag ein weyser man nemen ein weyb. So sich aber dyse dinck selten alle begeben, ist einem weysen kein weyb zunemen. Wann durch ein weyb wirt gehindert die lernung der geschrifft vnd die weysheit, vnd mag keiner wol gedinen den kûnsten vnd dem weybe, der weißheit vnd dem pette. Wann es ist vil, das den frawen zugehort: kôsperliche kleider, hefftlein, ringe,

cedit in publicum, haec hono-
ratur ab omnibus, ego in
conventu feminarum misella
despicior. Cur aspiciebas
vicinam? quid cum an-
cillula loquebaris? de foro
veniens quid attulisti? non
amicum habere possum, non
sodalem. alterius amo-(277)
rem, suum odium suspicatur.
si doctissimus praeceptor in
qualibet urbium fuerit nec
uxorem relinquere nec cum
sarcina ire possumus.

perlein vnd edel gestein,
zerung, meide vnd manngerei-
ley hawßgeret; darnach sein sie
die ganutzen nacht schwetzig,
kippeln vnd keifen, grymmen
vnd zannen vnd sprechen zu
dem manne: ,die ist paß ge-
kleydt dann ich bin; so wirt
die meer geert vnd geladen
dann ich, vnd ich arme bin
verworffen vnd verschmecht.'
Mere sprechen sie: ,warumb
hastu die nachpaurin an-
gesehen? was hastu mit irer
meide geret? was hastu mir
vom marckt gebracht vnd
kawfft? lade mir den freündt!
lad mir den gesellen! Du bist
bey der gewesen, du hast sie
lieb vnd bist mir veinde!'

6, 34 f.

Pauperem alere difficile est,
divitem ferre tormentum.

vnd ist sie arm, so ist dir
schwere sie zuernern; Ist sie
aber reiche, ist dir peinlich
sie zuleiden.

49, 22 ff. (vgl. Gris. 13, 9 ff.).

Adde, quod nulla est uxoris
electio, sed qualiscumque
obvenerit habenda. si ira-
cunda, si fatua, si deformis,
si superba, si fetida, quod-
cumque vitii est, post nuptias
discimus. equus, asinus, bos,
canis et vilissima mancipia,
vestes quoque et lebetes, sedile
ligneum, calix et urceolus
fictilis probantur prius et sic
emuntur: sola uxor non osten-
ditur, ne ante displiceat quam
ducatur. attendenda semper
eius est facies et pulchritudo
laudanda, ne si alteram as-
pexeris, se existimet displicere.
— quoscumque illa dilexerit,
ingratis amandi.
Si totam domum regendam
ei commiseris, serviendum est.

wie die kumpt, so mustu si
behalten, si sey vnleidenlich,
zornig, hoffertig, ein tŏrin
oder weyse: wie sie ist, kan
nit vorgewißen werden, sunder
darnach in dem eelichen wesen.
Ein pferd, esel, ochs vnd ander
ding werden vor versucht, ee
man sie kawffet, aber ein
fraw, die man zu der ee nemen
solle, wirt nit vor bewert, das
si nit werde verschmecht vnd
mißevalle, ee sie werde ge-
nomen.

6, 30 ff.

So du ir das ganntz haws
beuilhest, muß ir yderman

Si aliquid tuo arbitrio reservaveris, fidem sibi haberi non putabit, sed in odium vertetur ac jurgia et nisi cito consulueris, parabit venena. anus et haruspices et hariolos et institores gemmarum sericarumque vestium si intromiseris, periculum pudicitiae est; si prohibueris, suspicionis injuria. verum quid prodest etiam diligens custodia, cum uxor servari impudica non possit, pudica non debeat? infida enim custos est castitatis necessitas, et illa vere pudica dicenda est, cui licuit peccare si voluit.

pulchra cito adamatur, foeda facile concupiscit. difficile custoditur, quod plures amant. molestum est possidere, quod nemo habere dignetur. minore tamen miseria deformis habetur quam formosa servatur. nihil tutum es in quod totius populi vota suspirant. alius forma, alius ingenio, alius facetiis, alius liberalitate sollicitat. aliquo modo expugnatur quod undique incessitur. quod si propter dispensationem domus et languoris solatia et fugam solitudinis ducuntur uxores: multo melius servus fidelis dispensat, obediens auctoritati domini et dispositioni eius obtemperans. quam uxor quae in eo se existimat dominam. si adversum viri faciat voluntatem, id est, quod placet, non quod jubetur. assidere autem aegrotanti magis possunt amici et vernulae beneficiis obligati quam illa quae nobis imputat lacrimas suas et hereditatis spe vendit illuviem et sollicitudinem jactans languentis animum des-

dienstlich sein; beheltest aber ettwas in deinem gewalt, so spricht sie, du wollest ir nit getrawen, wirt dir gehaß vnd gram, schilt vnd flucht dir vnd gedennckt dich villeicht zutôten.

16, 17 ff.

Hastu ein hübsche, wol gestalte frawen genomen, so geuelt sie auch anndteren lewten wol vnd wirt von in lieb gehabt. Ist sie aber heslich vnd vngestalt, so wirt sie von dir vnd anndteren verschmecht, und ist verdrossen zu haben, dye nyemant gefallen mag. doch ist leidenlicher, als er (Theophrastus) auch spricht, ein vngestalte zehaben, dann ein hübsche zubebaren. keine ist wol sicher, do alle augen vnd begir des volkes auff sehen vnd gedenken. So hilfft auch keyn vleissigs bebaren: wann einer keüschen bedarff man nit hüten, so mag ein vnkeüsche nit wol behütt werden.

peratione conturbat. quod si
ipsa languerit, coaegrotandum
est et numquam ab eius lectulo
recedendum. aut si bona fuerit
et suavis uxor (quae tamen
rara avis est) cum parturiente
gemimus, cum periclitante
torquemur. sapiens autem
numquam solus esse potest.
habet secum omnes qui sunt,
qui umquam fuerunt boni et
animum liberum quocumque
vult, transfert. quod corpore
non potest, cogitatione com-
plectitur. et si hominum ino-
pia fuerit, loquitur cum Deo.
numquam minus solus erit
quam cum solus erit. porro
liberorum causa uxorem du-
cere, ut vel nomen nostrum
non intereat vel habeamus
senectutis praesidia et certis
utamur haeredibus, stolidissi-
mum est. quid enim ad nos
pertinet recedentes e mundo,
si nomine nostro alius nomi-
netur: cum et filius non statim
patris vocabulum referat et
innumerabiles sint, qui eodem
appellentur nomine? aut quae
senectutis auxilia sunt, enu-
trire domi, qui aut prior te
forte moriatur aut perversissi-
mis sit moribus? aut certe
cum ad maturam aetatem
venerit, tarde ei videaris mori?
haeredes autem meliores et
certiores amici sunt et propin-
qui, quos judicio deligas,
quam quos, velis, nolis, habere
cogaris. licet certior haeredi-
tas est: dum advivis, bene
abuti substantia tua, quam
tuo labore quaesita in incertos
usus relinquere.

12, 24. *Vgl. Anm. zu* 12, 19 ff. *Unser Text stellt sich zur
Fassung bei Burlaeus, Liber de Vita et Moribus Philosophorum
ed. H. Knust, Stuttg. Lit. Verein, Tüb. 1886, S. 286:* si ipsa
sana, si dives.

12, 34 sliten *hat keine Entsprechung bei Hieronymus-Burlaeus.*

13, 1 f. die fraw: *A. v. Eyb 6, 26* warumb hastu die nachpaurin angesehen? *in Übereinstimmung mit Hieronymus-Burlaeus* Cur aspiciebas vicinam?

13, 4 f. *Um wie vieles gewandter als Groß übersetzte A. v. Eyb 6, 29 des Hieronymus* alterius amorem, suum odium suspicatur *durch* du bist bey der gewesen, du hast sie lieb und bist mir veinde.

13, 14 *A. v. Eyb 49, 25* pferd esel ochs *in Übereinstimmung mit Hieronymus-Burlaeus* equus asinus bos.

13, 35 f. Illa vero pudica dicenda est cui licuit peccare, sed noluit *Burlaeus.*

14, 28 wen ym ist kegenwertiglich die vornunft: *in der Vorlage nichts entsprechendes.*

15, 12 leicht zu pößheit: perversissimis moribus.

15, 12 ff. *H. 1, 48 (Migne 23, 278)* Haec et huiuscemodi Theophrastus disserens, quem non suffundat Christianorum, quorum conversatio in coelis, qui quotidie dicunt: cupio dissolvi et esse cum Christo? haeredem nimirum desiderabit hominem, cohaeres Christi et optabit liberos nepotumque serie delectabitur, quos forsitan sit occupaturus Antichristus? cum legamus Moysen et Samuelem filiis suis alios praetulisse, nec putasse liberos, quos videbant Domino displicere?

16, 27 ff. *Vgl. Simrock, Deutsche Sprichwörter 11644; Schulze, Biblische Sprichwörter S. 94 (Eccles. 11, 4).*

16, 29 f. *Vgl. Wander 5, 385 s. v. Wolke Nr. 48. 56.*

17, 31 f. *Vgl. Hieronymus (Migne 23, 935)* clavam Herculi extorquere de manu; *Wander 2, 526.*

18, 5 Placilla, *vielmehr* Flacilla.

18, 7 Paula, *Schülerin des h. Hieronymus, vgl. A. v. Eyb, Spiegel der sitten 1511 Bl. 130ᵃ.*

19, 1 ff. *Zum folgenden vgl. H. 1, 43—46 (Migne 23, 273—6).*

H. 1, 43 (Migne 23, 273).

Dido, soror Pygmalionis, medio auri et argenti pondere congregato, in Africam navigavit ibique urbem Carthaginem condidit et cum ab Hiarba rege Lybiae in conjugium peteretur, paulisper distulit nuptias, donec conderet civitatem. Nec multo post exstructa in memoriam mariti quondam Sichaei pyra,

A. v. Eyb, Ehebüchlein 15, 30.

Dido, ein schwester Pigmalionis nach ires mannes tod sammet sie ein große sume gelts von gold vnd silber vnd fur über mere vnd pawet die statt Cartago. do das kom für den künig Hyarba von libia, da lies er vmb sie werben zu der ee, aber sie wolt im kein begirlich antwort geben vnd schub es auff, biß

maluit ardere quam nubere. Casta mulier Carthaginem condidit et rursum eadem urbs in castitatis lande finita est.

das die statt wart volbracht. Nit lang darnach ließ Dido ein groß feur machen zu gedechtnus der lieb ires toten mannes Sichei vnd warff sich darein vnd wolt lieber prynnen vnd keusch beleiben dann ein annderen man nemen.

19, 12 ff.

H. 1, 43 (Migne 23, 273).

Nam Hasdrubalis uxor, capta et incensa urbe, cum se cerneret a Romanis capiendam esse, apprehensis ab utroque latere parvulis filiis in subjectum domus suae devolavit incendium.

A. v. Eyb, Ehebüchlein 14, 3 ff.

Hasdrubal was ein kůnig. do er starb vnd die Rômer seiner gelassen frawen angewunnen die statt vnd verpranntten, do name sie ire kinder zu beyden seytten vnd warff sie von dem haws hernyder in das fewr, das irem leib mit vnrecht widerfůre an der keuschheit.

19, 17 ff. *H. 1, 44 (Migne 23, 274).* Quid loquar Nicerati conjugem, quae impatiens injuriae viri, mortem sibi ipsa conscivit, ne triginta tyrannorum, quos Lysander victis Athenis imposuerat, libidinem sustineret?

19, 22 ff. *Ebenda:* Artemisia quoque uxor Mausoli insignis pudicitiae fuisse perhibetur. Quae cum esset regina Cariae et nobilium poetarum atque historicorum laudibus praedicetur, in hoc vel maxime effertur, quod defunctum maritum sic semper amavit ut vivum, et mirae magnitudinis exstruxit sepulcrum, intantum ut usque hodie omnia sepulcra preciosa ex nomine eius Mausolea nuncupentur.

19, 30 ff. *Ebenda:* Teuta Illyricorum regina, ut longo tempore viris fortissimis imperaret et Romanos saepe frangeret, miraculo utique meruit castitatis.

19, 33 ff. *Ebenda:* Indi, ut omnes pene barbari, uxores plurimas habent. Apud eos lex est, ut uxor charissima cum defuncto marito cremetur. Hae igitur contendunt inter se de amore viri et ambitio summa certantium est ac testimonium caritatis, dignam morte decerni. Itaque victrix in habitu ornatuque pristino juxta cadaver accubat, amplexans illud et deosculans et suppositos ignes pudicitiae laude contemnens. Puto quae sic moritur, secundas nuptias non requirit. *A. v. Eyb 8, 27 ff. erzählt dasselbe, jedoch unter Berufung auf Valerius Maximus:* Es schreibt auch Valerius.

20, 7 ff. *Ebenda:* Alcibiades ille · Socraticus, victis Atheniensibus, fugit ad Pharnabazum. Qui accepto pretio a Lysandro principe Lacedaemoniorum jussit eum interfici.

Cumque suffocato caput esset ablatum et missum Lysandro in testimonium caedis expletae, reliqua pars corporis iacebat insepulta. Sola igitur concubina contra crudelissimi hostis imperium inter extraneos et imminente discrimine funeri iusta persolvit, mori parata pro mortuo quem vivum dilexerat. Imitentur matronae, et matronae saltem Christianae concubinarum fidem et praestent liberae quod captiva servavit.

20, 11. Alcibiadis *erklärt das vorhergehende* sein. *Nach Plutarch hieß die concubina Timandra, nach Athenaeus Theodata.*

20, 17 ff.

H. 1, 45 (Migne 23, 275).

Xenophon in Cyri majoris scribit infantia, occiso Abradote[1]) viro, quem Panthea uxor miro amore dilexerat, collocasset se iuxta corpus lacerum et confosso pectore sanguinem suum mariti infudisse vulneribus. Justam causam regis occidendi putavit uxor, quam maritus nudam amico suo et ignorantem monstraverat. Indicavit enim se non amari, quae et alteri posset ostendi.

A. v. Eyb, Ehebüchlein 14, 7 ff.

Panthia was vnglaublichen ein schône fraw; die het iren man außdermaßen lieb in rechter keuscheit. der weiset einem seinem guten freunde panthiam nacket, das sie es nit enwest. das kam fûr den kûnig Cyrum; der ließ den man darumb tôten. da sprach Panthia: ,der kûnig hat recht gethan, das er meinen man hat lassen tôten. ich erkenne, das er mich nit so lieb hat gehabt, als ich ine hab, das er mich hat lassen nacket schen einen andern man.' doch beharret sie in des todten mannes lieb und stach sich selbs durch ir prûste vnd ir wunden plut goß sie in die wunden des toten mannes.

20, 32 ff. *H. 1, 45 (Migne 23, 274).* Strato regulus Sidonis manu propria se volens confodere, ne imminentibus Persis ludibrio foret — retrahebatur formidine et gladium quem arripuerat circumspectans hostium pavidus expectabat adventum. quem jam jamque capiendum uxor intelligens extorsit acinacem de manu et latus eius transverberavit. compositoque ex more cadaveri se moriens superjecit, ne post virginalia foedera alterius coitum sustineret.

21, 4 ff. *H. 1, 46 (Migne 23, 275).* Primam ponam Lucretiam, quae violatae pudicitia nolens supervivere, maculam corporis cruore delevit. *A. v. Eyb hat im Ehebüchlein 14, 16 ff. das Thema des weiteren dramatisch ausgesponnen und dabei*

---

[1]) *Nach Xenophon* Abradatas.

*neben Salutato (Herrmann, Albr. v. Eyb S. 343. 347) die
Groß'sche Grisardis verwertet. S. auch im Spiegel der Sitten
1511 Bl. 32^b: dort heißt es unter Berufung auf Valerius
Maximus (ob mit Recht? — Hieronymus bietet keinen Anhalts-
punkt)* doch ist Lucretia nit zu loben das sy ir selb den tod
hat getan sunder ir grosse keuschait ist an ir zu preisen,
ein Gedanke, den auch Erhart Groß in seiner Darstellung
21, 12 ff. *bietet, ihn aber dem Rat Marcus in den Mund legt.*

21, 22 ff. *Ebenda:* Duellius qui primus Romae navali
certamine triumphavit, Biliam virginem duxit uxorem, tantae
pudicitiae, ut — —. Is iam senex et trementi corpore, in
quodam iurgio audivit exprobrari sibi os fetidum et tristis se
domum contulit. cumque uxori questus esset quare numquam
se monuisset, ut huic vitio mederetur: fecissem, inquit illa,
nisi putassem omnibus viris sic os olere. Laudanda in utro-
que pudica et nobilis femina, et si ignoravit vitium viri et si
patienter tulit et quod maritus infelicitatem corporis sui, non
uxoris fastidia, sed maledicto sensit inimici. certe quae secun-
dum ducit maritum, hoc non potest dicere.

21, 30 f. *Auch bei Fischart, Ehezuchtbüchlein ed. Hauffen
133, 11 ff.*

22, 11 ff.

H. 1, 46 (Migne 23, 275).

Marcia Catonis filia minor,
cum quaereretur ab ea, cur
post amissum maritum denuo
non nuberet, respondit, non
se invenire virum, qui se
magis vellet quam sua. quo
dicto ostendit, divitias magis
in uxoribus eligi solere quam
pudicitiam. — — Eadem cum
lugeret virum et matronae
ab ea quaererent, quem diem
haberet luctus ultimum, ait,
quem et vitae.

A. v. Eyb, Ehebüchlein 16, 2 ff.

Martia ein tochter Cathonis,
do ir man starbe, wolt sie
keinen andern nemen; vnd so
sie ward gefragt, warumb
sie kein andern man nemen
wolt, so sie doch het ein
lieblich antlůtz, einen
schônen leib vnd groß
reichtum, antwurt Martia
vnd sprach: ,ich weis nit,
wie es geraten wirt gen dem
vorigen mann vnd besorg,
ich vind keinen man, der
mich lieber hab dann mein
gut vnd als mich der vorig
man hat geliebet.' *Vgl. auch
Spiegel der Sitten 1511 Bl. 130^a.
Es handelt sich übrigens nicht
um die Tochter, sondern um
die zweite Gemahlin des Cato
Uticensis.*

22, 24 ff. *Vgl. auch Spiegel der Sitten 1511 Bl. 129^b.*

22, 29 ff. *H. 1, 46 (Migne 23, 276).* Anniam cum pro-
pinquus moneret, ut altero viro nuberet (esse enim ei et

aetatem integram et faciem bonam); nequaquam, inquit, hoc faciam. si enim virum bonum invenero, nolo timere ne perdam, si malum, quid necesse est post bonum pessimum sustinere. *Vgl. auch Spiegel der Sitten 1511 Bl. 129ᵇ, dort aber ohne Namen. Annia, die Gemahlin des Cinna, ist schwerlich die im Texte gemeinte.*

22, 37 ff. *H. 1, 46 (Migne 23, 276).* Valeria Messalarum soror, amisso Servio viro nulli volebat nubere. quae interrogata cur faceret, ait, sibi semper maritum Servium vivere. *Vgl. A. v. Eyb, Spiegel der Sitten Bl. 130ᵇ.*

26, 32 ff. *'Mit dieser Antwort wollte er ein wahrheitsgemäßes Zeugnis erhalten, dessen alle die benötigen, die an der Gemeinde zu schaffen haben, daß man nicht die Hinterhältigen und Feindseligen sagen höre: bist du ein Arzt, so hilf dir selber!' — S. 26, 35 Lesa. ist zu tilgen.*

42, 17. *Dem Wortlaut nach kann* ir ganzes meiner prust *nur heißen: 'Ihr' — gemeint ist der Markgraf — 'der Ihr den Inhalt meines Herzens ausmacht'. Vgl. X 416, 9 die* gantzheit meiner brust; *'ich, die ich mein Herz genau kenne, weiß wohl, was ich, Grisardis, ertragen kann'. Die Bearbeitung veranschaulicht besser: 'was andere Frauen zu ertragen vermögen, weiß ich nicht, wohl aber was ich ertragen kann'.*

48, 21 ff. *Vgl. Simrock, Deutsche Sprichwörter 4641.*